山东省小麦信息分析与预警报告

（2015—2018）

张晓艳 刘淑云 刘 锋 著

中国农业出版社
北 京

前言
PREFACE

为贯彻落实《农业部办公厅关于印发〈全产业链农业信息分析预警试点方案〉的通知》（农办市〔2015〕9号），山东省开展了小麦全产业链农业信息分析预警试点的工作。本着建立权威、统一、高效的全产业链农业信息分析预警系统和省市有机衔接的农业信息分析预警工作机制，山东省选择临沂、潍坊、德州、聊城、菏泽、济宁、青岛、烟台、滨州等地开展了信息员试点布置工作，按照农户（不同的种植规模水平）、经纪人和面企几个层次，遴选了小麦产业信息员。

经过近三年的探索与努力，山东省建立了统筹产前、产中、产后、生产、流通、消费等全产业链农业信息分析模式，组建了适应国际化发展需要的全产业链农业信息分析预警团队，形成了分析反应快速、信息内容全面、预测判断准确的工作格局。并建立了定期分析与专题预警相结合的方法制度，对农作物主要粮食品种开展了监测分析，对结构性产能过剩的问题进行了预警发布。对热点问题和突发事件快速反应，形成预警信息，为宏观决策提供了参考，在社会上引起关注。全产业链预警工作是全面、准确、及时了解产品情况的重要窗口。月度、季度、年度分析报告定期反映了本行业的发展态势、突出问题以及政策需求等重要信息，成为了解行业动态的重要内容；也成为当地农业部门了解市场行情、研判市场走势的重要工作力量，成为以市场为导向，推动农业“转方式、调结构”的重要信息支撑，对政府职能部门调整工作思路及方法，对企业采取针对性的应对措施，起到了潜移默化的引导作用。目前，山东省省级分析师将实时的小麦、玉米市场动态情况通过山东广播乡村频道现代乡村节目定期连线播出。

本书共分六章。第一章为山东省小麦生产情况，介绍山东历年小麦种植面积和产量变化趋势，小麦的生产成本收益及影响小麦产量的因素分析；第二章为2015年山东省小麦市场供需报告；第三章为2016年山东省小麦市场供需报告；第四章为2017年山东省小麦市场供需报告；第五章为2018年山东省小麦市场供需报告；第六章为山东省小麦产业发展分析与展望（2016—2020）。

本书的出版得到了农业农村部小麦全产业链农业信息分析预警试点任务和农业农村部农业信息服务技术重点实验室开放基金课题任务的资助，得到了山东省农业农村厅市场与信息化处、山东省农业科学院科技信息研究所及其农业监测预警研究室的大力支持，在此表示感谢！由于水平有限，书中不足之处在所难免，敬请读者批评指正。

著　者

2019年10月

目录
CONTENTS

前　言

第一章　山东省小麦生产情况 …… 1
　第一节　山东省小麦生产状况 …… 1
　第二节　山东省小麦生产成本收益分析 …… 2
　第三节　影响山东省粮食产量的主要因素 …… 6
第二章　2015 年山东省小麦市场供需报告 …… 12
　第一节　2015 年山东省小麦生产情况 …… 12
　第二节　2015 年山东省小麦生产成本分析 …… 13
　第三节　2015 年山东省小麦市场动态 …… 13
第三章　2016 年山东省小麦市场供需报告 …… 22
　第一节　2016 年山东省小麦生产情况 …… 23
　第二节　2016 年山东省小麦市场情况 …… 24
　第三节　2016 年山东省小麦市场动态分析 …… 30
第四章　2017 年山东省小麦市场供需报告 …… 32
　第一节　2017 年 1 月山东省小麦市场供需报告 …… 32
　第二节　2017 年 2 月山东省小麦市场供需报告 …… 36
　第三节　2017 年 3 月山东省小麦市场供需报告 …… 40
　第四节　2017 年 4 月山东省小麦市场供需报告 …… 44
　第五节　2017 年 5 月山东省小麦市场供需报告 …… 48
　第六节　2017 年 6 月山东省小麦市场供需报告 …… 51
　第七节　2017 年 7 月山东省小麦市场供需报告 …… 54
　第八节　2017 年 8 月山东省小麦市场供需报告 …… 57
　第九节　2017 年 9 月山东省小麦市场供需报告 …… 61
　第十节　2017 年 10 月山东省小麦市场供需报告 …… 63
　第十一节　2017 年 11 月山东省小麦市场供需报告 …… 66
　第十二节　2017 年 12 月山东省小麦市场供需报告 …… 69

第十三节　2017 年山东省小麦市场供需会商报告 …… 72
第五章　2018 年山东省小麦市场供需报告 …… 80
第一节　2018 年 1 月山东省小麦市场供需报告 …… 80
第二节　2018 年 2 月山东省小麦市场供需报告 …… 82
第三节　2018 年 3 月山东省小麦市场供需报告 …… 84
第四节　2018 年 4 月山东省小麦市场供需报告 …… 87
第五节　2018 年 5 月山东省小麦市场供需报告 …… 89
第六节　2018 年 6 月山东省小麦市场供需报告 …… 92
第七节　2018 年 7 月山东省小麦市场供需报告 …… 96
第八节　2018 年 8 月山东省小麦市场供需报告 …… 99
第九节　2018 年 9 月山东省小麦市场供需报告 …… 101
第十节　2018 年 10 月山东省小麦市场供需报告 …… 103
第十一节　2018 年 11 月山东省小麦市场供需报告 …… 106
第十二节　2018 年 12 月山东省小麦市场供需报告 …… 109
第十三节　2018 年山东省小麦市场研究简报 …… 111
第十四节　2018 年山东省小麦市场形势总体分析 …… 114
第六章　山东省小麦产业发展分析与展望（2016—2020） …… 120
第一节　产业现状 …… 120
第二节　存在问题和技术需求 …… 123
第三节　建议和对策 …… 124

主要参考文献 …… 131

第一章　山东省小麦生产情况

小麦是全球范围内广泛种植的重要粮食作物，其产量和消费量占世界谷物消费量的30%左右，对世界粮食安全具有重要的保障作用。我国的小麦生产量、消费量和进口量居世界第一位，而山东省小麦生产面积和总产量常年分别占我国粮食生产面积和总产量的25%和22%左右，对我国粮食安全具有重要意义。

第一节　山东省小麦生产状况

一、山东省小麦面积和产量变化趋势

山东省是我国小麦生产第二大省，同时也是我国最大的优质小麦主产省份，小麦产业的发展具有产量潜力高、生产技术水平高、品质优良、加工能力强等突出特点和优势。据国家统计局最新数据显示，2017—2018 年山东省小麦种植面积居全国第二位，为 $4.06\times10^6\,hm^2$，占全国的 15.2%；小麦总产量居全国第二位，为 $2.472\times10^7\,t$，占全国的 17.8%；单产位居全国第三。山东省小麦产业在全国优势明显，无论是产量和质量方面，均表现良好，山东省小麦市场也引领全国。利用时间序列统计方法分析历年山东小麦种植面积、单产、总产变化情况，发现政策是影响小麦种植面积的主要因素，单产提高是小麦产量增加的主要原因。

二、小麦生产的影响因素

政策是影响小麦种植面积的主要因素，山东省小麦种植面积在 1999—2004 年出现了大幅度下降，由 1999 年 400.8 万 hm^2减少至 2004 年的 340.6 万 hm^2。由于 1995—1998 年国内粮食产量连续 4 年接近和超过 5 亿 t，政府对我国粮食供给乐观，1999 年起城市大量占用耕地，多地区推行“退耕还林、退耕还草”政策，导致农作物种植面积下滑。同时段，由于农产品供过于求，农产品价格持续低迷，农民种粮纯收入下降，全国多地粮田遭抛荒弃种，或改种其他经济作物，导致全国粮食播种面积锐减，产生了 1998—2003 年我国耕地面积、粮食面积、粮食单产、粮食价格和人均粮食占有量“五下降”。从 2004 年起，政府逐步出台了粮食最低收购价政策，取消农业税政策等一系列

利于粮食作物种植的政策，才使得小麦种植面积结束下滑，维护了我国的粮食安全。经过 1999—2003 年粮食大减产，国家对基本农作物的种植以及耕地面积的决定更为慎重。如针对城市占用农村耕地的问题，为确保我国粮食安全，2008 年中共十七届三中全会提出“永久基本农田”概念。至 2017 年，我国永久基本农田基本划定完成，全国共划定永久基本农田 15.46 亿亩*。近年来，山东省小麦种植面积保持基本稳定。

单产是小麦产量增加的主要原因，总体来看，小麦单产逐年提高，1978—2016 年山东省小麦单产由 2 160kg/hm^2 增长至 6 121.2kg/hm^2，特别是 1970—1997 年，山东省小麦单产呈“直线”上升，由 930kg/hm^2 上升到 5 551.5kg/hm^2。从长时间序列来看，山东省小麦总产量与播种面积变化趋势基本一致（图 1-1）。

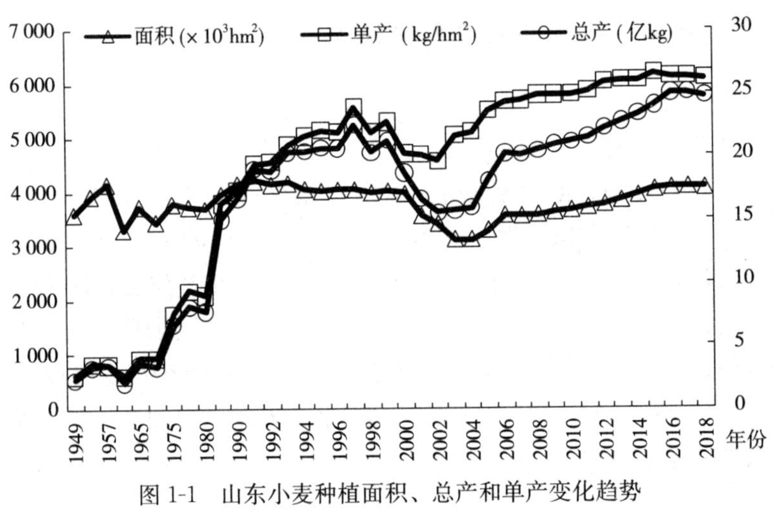

图 1-1　山东小麦种植面积、总产和单产变化趋势

2017 年中央 1 号文件中，提出“按照稳粮、优经、扩饲的要求，加快构建粮经饲协调发展的三元种植结构。粮食作物要稳定水稻、小麦生产，确保口粮绝对安全，继续调减非优势区籽粒玉米，增加优质食用大豆、薯类、杂粮杂豆等”。文件的出台，对于保证小麦种植面积、保障粮食安全具有重要作用。

第二节　山东省小麦生产成本收益分析

小麦生产的可持续、均衡发展对保障国家粮食安全、社会稳定具有重要

* “亩”为非法定计量单位，1 亩≈667m^2。

的意义。由于市场、资源环境等因素的影响，使得小麦增产与小麦生产主体的收益最大化目标并不总是一致，小麦种植效益的高低直接影响小麦生产主体的生产决策。山东省是中国小麦主产区之一，近年来由于生产成本的快速增长，小麦种植收益有所下降。基于对 2007—2015 年山东省小麦生产成本收益的变化情况和影响因素的分析，本书提出了山东省小麦生产发展的相关对策建议。

一、山东省小麦生产总成本构成

小麦生产总成本分为生产成本和土地使用成本两类，其中生产成本是由物质费用和用工成本构成。依据《山东农村统计年鉴》的相关数据，分 2007—2011 年和 2012—2015 年两个时期对山东省小麦生产的总成本及构成做出分析。一是 2007—2011 年，山东省小麦生产平均总成本持续增长，由 7 238 元/hm^2增至 10 820 元/hm^2，增幅为 49.40%（图 1-2）。这与生产成本和土地使用成本的增加密切相关，尤其是生产成本的贡献较大，占总成本的比重持续保持在 82%～83%的高位，土地使用成本虽也呈增加趋势，不过增幅有限，其占总成本的比重仅为 11%～17%。2007—2011 年，山东省小麦生产成本由 6 440 元/hm^2增至 8 940 元/hm^2，增幅达 38.80%，其中物质费用约占生产成本的 70%，是用工成本的 2.0～2.5 倍，用工成本对生产成本的影响相对较小。二是 2012—2015 年，由于《山东农村统计年鉴》缺少关于土地成本的相关数据，图 1-2 中生产成本的变化与总成本的变化趋于重合，仅在 2013—2014 年有微小差别。

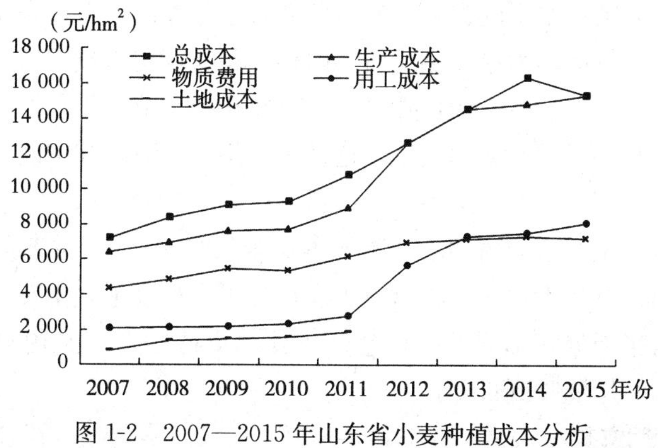

图 1-2 2007—2015 年山东省小麦种植成本分析

（一）生产成本

《山东农村统计年鉴》的相关数据显示，山东省小麦生产成本呈现逐年上升的趋势。其中，2007—2011 年，物质费用与用工成本平稳增加，分别由 4 351元/hm²和 2 089 元/hm²增至 6 173 元/hm²和 2 767 元/hm²，年均增长率分别为 9.14%和 7.28%，故生产成本上涨速度也相对较平稳，由 6 440 元/hm²增至 8 940 元/hm²，年均增长 8.55%；2012—2015 年，物质费用持续平稳发展，由 6 962 元/hm²增至7 238元/hm²，但增速有所放缓，年均增长 1.30%，而由于用工成本增长速度较快带动了生产成本依然呈快速上涨态势，用工成本由 5 670 元/hm²增至 8 093 元/hm²，年均增长 12.59%，生产成本由 12 632 元/hm²增至 15 323 元/hm²，年均增长 6.65%（图 1-3）。总的来看，2007—2015 年山东省小麦生产的用工成本逐年增长，其占生产成本的比重也不断攀升，由 2007 年的 32%升至 2015 年的 53%，并自 2013 年开始超过物质费用所占比重。

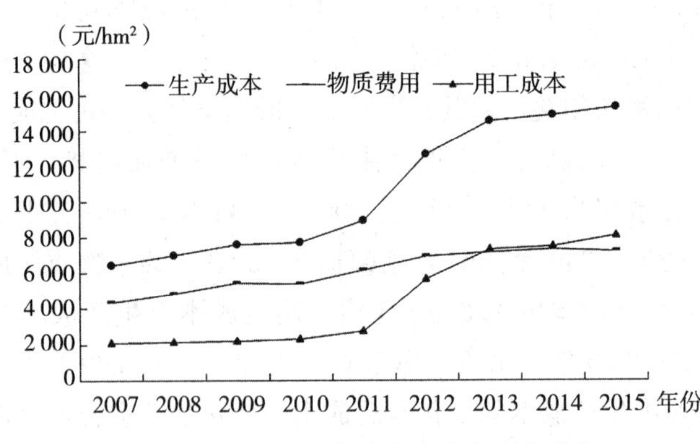

图 1-3　2007—2015 年山东省小麦生产成本

随着我国城镇化水平的提高，农村劳动力大量外出务工，农业从业人口大量减少，导致农村劳动力市场供应曲线内移，是农业用工成本飙升的一个重要原因。同时，由于农业生产的特殊性，小麦在播种季节和收获季节需要大量劳动力，而平时几乎不需要使用人工，这种生产用工在时间和空间上的不匹配也导致了小麦生产用工成本的上涨。

山东省小麦生产成本中物质成本所占比重虽自 2013 年逐渐落后于用工成本，但是仍然占有较大比例。物质成本的增加很大程度上是由于价格的上涨导致的，除去价格因素，不同的小麦生产主体尽可能地合理利用自身的资源优势，以使物质费用能降到最低。

（二）土地成本

2016 年 11 月中旬，山东省农业监测预警调查团队对山东省聊城、临沂、菏泽、德州、潍坊 5 个地区的 30 个粮食生产主体进行了电话问卷调查，有效问卷 29 个。据调查，小麦种植面积在 3.40hm^{2}以下的有 7 户，在 3.40～13.40hm^{2}的有 8 户，在 13.40hm^{2}以上的有 14 户。农民土地承包费用的高低与承包土地的多少没有相关性，土地的年平均成本为 10 950 元/hm^2。

根据《山东农村统计年鉴》数据显示，2007—2011 年山东省小麦生产的土地成本在生产成本中所占的比例较小，但呈现出逐年增长趋势，由 11%增至 17%。据 2016 年 11 月中旬的调查问卷，小麦种植户每公顷土地的租金区间为 6 000～18 000 元/年，土地成本占小麦生产成本的 35%～69%，可见，自 2007 年土地成本大幅上涨，已成为小麦生产成本的主要组成部分之一。此次调查的 29 户小麦种植户中，土地承包费用为 0 的只有 3 户，占总数的 10%，其小麦种植面积一般在 1.40hm^{2}以下，土地为自留地，所以不产生土地流转费用；土地成本（半年的土地承包费用）在 1～4 500 元以下的有 4 户，占总数的 14%，其小麦种植面积一般在 4hm^{2}以下；土地成本（半年的土地承包费用）在 4 500 元以上的有 22 户，占总数的 76%，其中，有 12 户土地成本为 4 500～7 500 元，有 10 户土地成本为 7 500～9 000 元。据对调查数据的分析，当小麦生产的土地成本达到 7 500 元时，土地成本占小麦生产总成本的比重将超过 50%（图 1-4）。

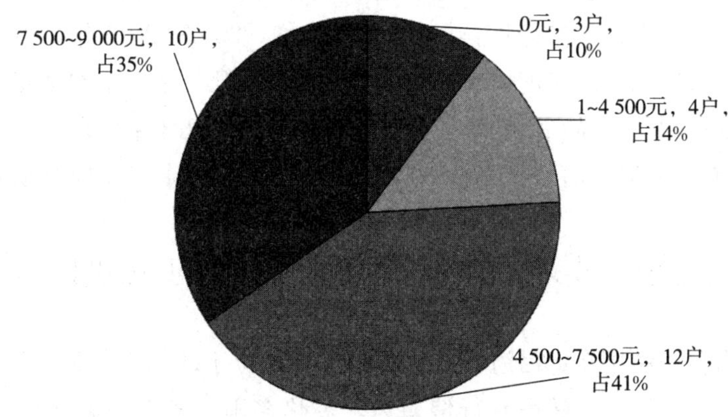

图 1-4　山东省小麦种植户土地成本分布

二、种植收益分析

近几年，山东省小麦种植净利润呈现“双峰曲线”变化趋势。据《山东农村统计年鉴》的相关数据显示，2007—2010 年，山东省小麦种植净利润经历了一个上升过程，由 2 191.50 元/hm^{2}升至 3 487.7 元/hm^2；2011—2013 年，则呈现逐年下降的态势，由 3 779.85 元/hm^{2}降至 2 791.2 元/hm^2；2014 年恢复性上涨至 3 030 元/hm²，但 2015 年出现大幅下滑，至 9 年来的最低点，降至 2 089.5 元/hm²（图 1-5）。

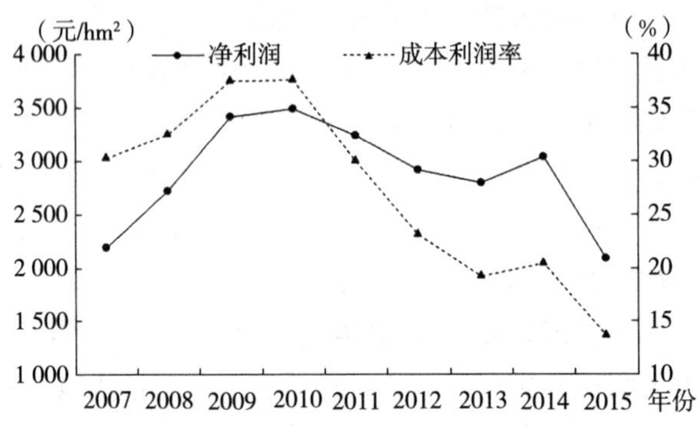

图 1-5　2007—2015 年山东省小麦净利润及成本利润率

自 2006 年实行小麦种植补贴政策以来，山东省小麦净利润经历了一个先上升后下降的过程。2007—2015 年，小麦生产的总产值逐年增加，从 2007 年的 9 430.35元/hm²升至 2015 年的 17 407.95 元/hm²；小麦生产的成本利润率（成本利润率＝净利润/总成本×100）也经历了一个先上升后下降的过程，2007—2010 年由 30.27％升至 37.48％，随后趋于下降，由 2011 年的 29.94％降至 2015 年的 13.60％，且下降速度明显快于其增长速度。2007—2015 年，山东省小麦生产成本利润率的下降速度快于其增长速度，说明几年来山东省小麦生产总成本的增长速度快于其净利润的增长速度，进而可得，几年来山东省小麦生产的单产和种植面积的增加，对小麦净利润的提高，并没有起到正向推动作用。

第三节　影响山东省粮食产量的主要因素

山东省位于中国东部沿海，地处黄河下游，位于北纬 34°25′～38°23′、东经 114°36′～122°43′。夏季盛行偏南风，炎热多雨；冬季刮偏北风，寒冷干燥；春季天气多变，干旱少雨多风沙；秋季天气晴爽，冷暖适中。全省年平均气温 11～14℃，≥0℃的年平均积温在4 137～5 283℃，≥10℃的年平均积温在3 592～4 760℃，年平均无霜期为 173～250d；年日照时数为2 300～2 900h，日照百分率为 52％～65％，太阳年总辐射量在 481～540kJ/cm²；年平均降水量为 550～950mm，自东南向西北递减。无霜期沿海地区为 180d，内陆地区 220d。冬季一般有 140～150d，夏季 72～108d，春秋各 50～70d。山东省是我国主要的粮食产区之一。全省粮食种植分夏、秋两季，夏粮主要是冬小麦，秋粮主要是玉米、甘薯、大豆、水稻等，其中小麦、玉米是山东省的两大主要粮食作物。

自然灾害是主要的农业生产风险因素，按其成因可划分为地质灾害、气象灾害、环境污染灾害、火灾、海洋灾害、生物灾害六大类。对山东省而言，全省农业自然灾害主要有旱涝、冰雹、大风、干热风、低温霜冻、病虫害等。粮食生产的外部冲击因素很多，有技术的、经济的和自然环境的，考虑到研究所关注的重点，把气候条件作为粮食产量最主要的外部冲击变量。粮食生产的自然再生产特点决定了气候变化对其有较强的冲击作用，气候变化特别是异常变化是粮食生产波动最主要的因素。气候变化具有随机性变化特点，对粮食生产的影响是短暂型，故我国粮食产量年际的随机波动主要是气候冲击的结果。纵观我国粮食生产发展历史，比较大的丰收年与歉收年都是气象因子直接作用的结果。从 1990 年以来的情况来看，各种自然灾害发生的面积越来越大，对农业与粮食生产的危害程度也越来越重。自然灾害是导致粮食生产波动的最重要的和最不可抗拒的因素。在我国农业自然灾害中，水、旱灾害是对农业生产影响最大的自然灾害，一般占受灾面积的 80%以上，最高年度达到 89%。本书研究根据山东省农业统计资料，在山东省粮食综合生产能力评价研究的基础上，讨论影响粮食生产的各类因素，分析全省粮食生产情况以及农田成灾率与粮食总产量的关系，明确影响山东粮食生产的主要影响因素。

一、影响山东粮食产量的因素分析

影响我国粮食产量的因素主要包括以下几方面。

（一）作物品种改良及配套栽培技术

培育优良品种，实现良种化、种子标准化，加之配套的栽培技术，如科学配方施肥技术、节水灌溉技术、地膜覆盖、虫鼠害综合防治技术等，可以显著提高粮食产量。从长远来看，这也是解决我国粮食问题的必由之路。

（二）化肥施用量

将适量的化肥应用到作物上，粮食产量会显著增长。图 1-6 中显示了山东省 33 年来每年在农业上的化肥施用量，可以看出 2010 年之前基本上呈直线上升趋势，增加较显著，2012 年是拐点，从 2011 年的 473.6 万 t 减少到 2012 年的 139.52 万 t，此后呈缓慢下降趋势。徐浪等研究认为，化肥施用量对粮食产量的贡献率沿着抛物线轨迹运行，起初贡献率是上升的，即刚刚使用化肥时，粮食增产很多；贡献率达到最高点之后，逐渐向下走，即随着化肥使用年数增多，化肥对粮食的增产效果越来越差，表现出经济上的边际效益递减律。化肥的大量施入，不仅对土壤和地下水造成污染，而且越来越严重导致土地板结、水土流失等问题加剧，间接影响未来的粮食单产和总量。因而，在我国耕地逐渐减少的情况下，靠施用化肥来促进粮食增产，难以确保我国粮食的可持续发展。

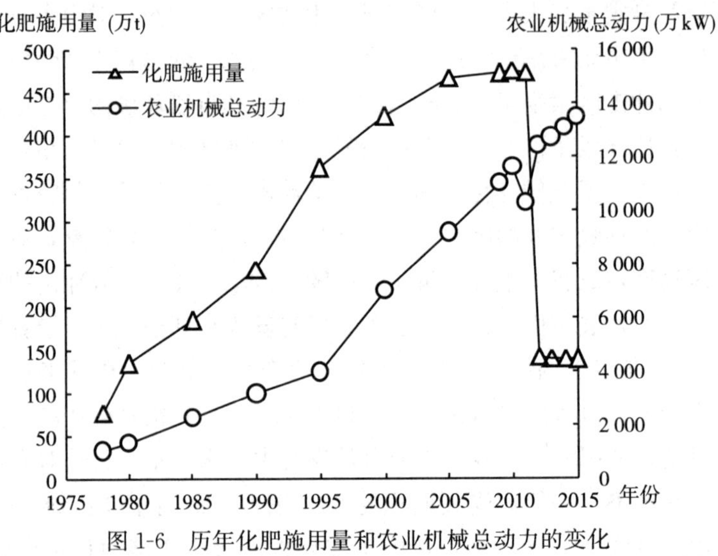

图 1-6　历年化肥施用量和农业机械总动力的变化

（三）农业机械总动力

我国人口众多，农村劳动力比较丰富，而且又有对土地进行精耕细作的传统思想，我国耕地的动力长期以来以人力和畜力为主。随着我国经济的发展，生产水平的提高，总农业机械动力投入也在显著增加。“十五”以来，一直以“立足大农业，发展大农机”为战略指导思想，把农业机械化置于农业和农村经济的整体发展中来考虑，放在城乡统筹发展的大环境中来筹划，适应农业结构战略性调整和大农业发展的需要。由图 1-6 可以看出，自 1978 年以来，农业机械总动力的投入是直线上升，符合我国发展农业机械化的思想。但由于国际能源市场变化多端，我国的能源消耗日益吃紧，频频出现的电荒、油荒、拉闸限电等现象，严重制约了农业的能源机械投入。

（四）山东省受灾、成灾面积及因干旱受影响的面积

自然灾害是山东省目前主要的粮食风险影响因素，对山东省粮食综合生产能力具有显著影响。面对山东省大面积的干旱环境、水资源供需矛盾日益突出、人口多、耕地少且质量不高及全国统一大市场的背景下，要进一步保护和提高粮食综合生产能力，合理利用和有效保护农业资源，必须对全省粮食综合生产能力重新进行系统评价，以在新形势下确保农业的基础地位和粮食生产的战略地位。

山东省位于暖温带季风气候区，四季分明、降水集中，温差变化大，旱

涝频度高。全省多年平均淡水资源仅占全国水资源总量的 1.09%，人均水资源量 344m³，仅为全国人均占有量的 14.7%，为世界人均占有量的 4.0%，全省亩均水资源量 307m³，也仅为全国亩均占有量的 16.7%，为资源性严重缺水地区，且旱灾是各种自然灾害中的第一大灾，已对经济发展和人民生活构成严重威胁。山东省地处北方，降水分布不均，夏季降水量占全年降水量的 60%～70%，甚至能达到 80%。其他季节雨量稀少，季节降水分布不均的同时，区域降水分布也极不均匀。降水的不均衡性使得全省大部分地区基本属于干旱半干旱、湿润半湿润地区，一旦遇到降水量比较少的年份，就容易引发旱情，致使山东成为一个干旱灾害多发的省份。

20 世纪 90 年代以来，因降水量减少，黄河断流，旱情日趋严重。1989—2004 年的 16 年间，山东省平均每年受灾面积 209.73 万 hm²，1991 年、1997 年、1999 年、2000 年、2001 年、2002 年 6 年受旱面积都在 350 万 hm² 以上，显著高于平均值。特别是 1999—2002 年，连续 4 年大旱，造成农业减产，工矿、企业停工停产，城乡供水危急。干旱受灾、成灾严重波及工业、农业、服务业和人民的生活方方面面，对经济和社会发展产生了重大影响（图 1-7、图 1-8）。

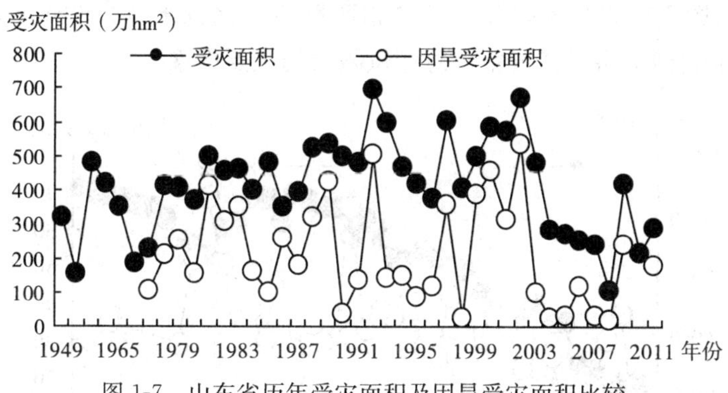

图 1-7 山东省历年受灾面积及因旱受灾面积比较

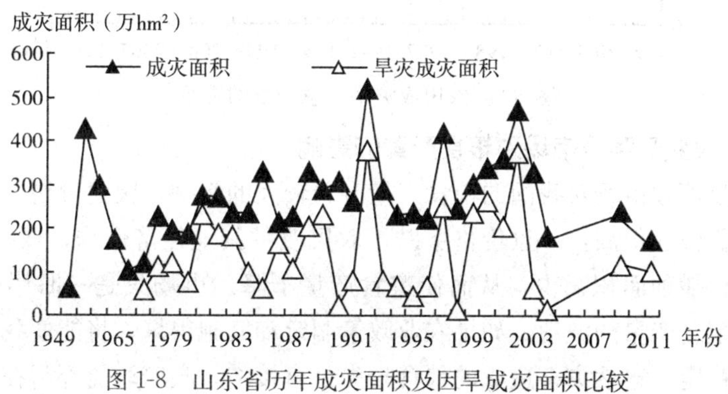

图 1-8 山东省历年成灾面积及因旱成灾面积比较

山东历年每年平均受灾面积占作物总播种面积的 26.77%，成灾率为 14.80%，因干旱影响而受灾的面积占总播种面积的 11.44%，占总受灾面积的 42.75%，说明干旱灾害居各种自然灾害的第一位。

（五）农田成灾率与粮食总产量

山东省地形复杂，加上受大气环流和季风的影响，自然灾害发生频率较高，给粮食生产带来严重影响，是制约山东省经济发展的重要因素之一。农田成灾率对粮食总产量具有明显的影响，二者呈明显的负相关关系。表现在以下两个方面。

（1）粮食总产量较上一年减少的年份恰是农田成灾率增加的年份，如典型年份有 1997 年、2000 年、2001 年和 2002 年，农田成灾率分别达到 38%、43.2%、48.3%和 67.7%，粮食总产量在逐年增加的趋势下，却较上一年分别减少 11.1%、10.1%、3.05%和 11.5%。

（2）在农田成灾率较小的年份，粮食总产量呈明显增加趋势，如典型年份有 1990 年、1993 年、1995 年和 2004 年，农田成灾率分别为 32.1%、28.1%、26.4%和 30.1%，同期粮食总产量分别较上一年增长 9.8%、21.3%、3.8%和 2.4%（图 1-9）。由此可见，粮食总产量的变化也来自自然灾害的间接影响，且农业自然灾害是造成粮食总产量减损的主要因素。

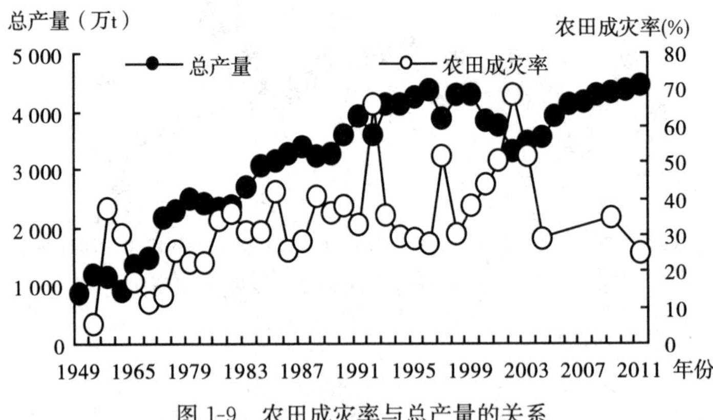

图 1-9　农田成灾率与总产量的关系

（六）农业政策及市场对粮食产量的影响

粮食政策和市场对我国的粮食产量有着较大的影响，粮食价格上扬时，农民的种田积极性很高，一旦价格下跌，农民改种其他经济作物，或抛荒闲置，直接使粮食播种面积减少，从而使粮食产量下降。市场只是一时影响粮食生产，造成粮食产量的波动，如果农业政策制定和实施得好，将能使我国的粮食产量保持稳定，自然灾害造成的粮食损失是直接的，政府职能部门在防灾减灾方面应提供大力支持，使损失降到最低。

二、各种因素对粮食产量的贡献

粮食产量的影响因素中有些会直接促使粮食产量增加，有些会导致粮食产量降低。粮食总产量与化肥施用量相关系数最大为 0.937，与有效灌溉面积、农业机械总动力及粮食播种面积相关系数分别为 0.872、0.837 和 0.790，说明化肥施用量、有效灌溉面积、农业机械总动力和播种面积对粮食总产量的影响均较大。山东地区的受灾面积与成灾面积与粮食总产量的相关分析表明，受灾面积、成灾面积与粮食总产量呈负相关关系，而且因干旱影响的受灾与成灾面积均与粮食总产量呈负相关，意味着受灾面积和成灾面积增加，粮食总产量会减少。虽然受灾、成灾面积与粮食总产量相关性未达到显著水平，但是鉴于计算单位很大及灾害的连带影响复杂的缘故，所以也不能忽略这个重要影响因素。可见对山东省粮食产量年际波动增产的第一因素是化肥施用量，第二因素是有效灌溉面积，其内涵就是水资源或干旱对我国粮食产量的影响；第三因素是粮食播种面积，其内涵是总体耕地面积的减少或粮食政策、价格对我国粮食产量的影响。促使粮食产量波动降低的因素主要是干旱灾害造成粮食减产。

通过研究山东地区 1949 年以来自然灾害对粮食产量的影响分析，明确了影响山东省粮食产量的积极和消极因素，在耕地资源、水资源严重不足和减少的情况下，要保持山东省粮食产量的稳定，保障我国的粮食安全，不可能单纯靠化肥和农机动力投入来促使粮食生产。从长远来看，需要加大在农业方面资金和技术投入，开发出高产优质作物品种；从短期来看，需要各地区做好防灾减灾工作，减少粮食生产中造成的，尤其是干旱灾害造成的巨大的粮食损失。

第二章　2015年山东省小麦市场供需报告

2015年，在经济下行和供需宽松的压力之下，国内小麦行情呈现低迷态势。购销不温不火，旺季不旺，淡季更淡；政策小麦因缺乏价格优势，销售困难，库存高企；一年来制粉企业开工率基本维持在较低水平，生存举步维艰；国际小麦也在供需宽松、美元走强等利空因素主导下，市场行情大幅下跌。

第一节　2015年山东省小麦生产情况

国家统计局2015年公告显示，全国小麦总产量为13 018.7万t，较上年增加401.6万t；其中主产区冬小麦产量12 360万t，较上年增产355万t。2015年，全国夏粮播种面积2 769.23万hm^2，比上年增加11.07万hm^2；山东省小麦收获面积为379.98万hm^2，比2014年增加5.96万hm^2；山东省2015年秋播冬小麦面积为379.13万hm^2，比去年减少约0.85万hm^2。2015年，全国小麦单产5 094kg/hm^2，比上年增加141kg/hm^2；山东省小麦单产达到6 175.5kg/hm^2，单产增加123 kg/hm^2。2015年，全国夏粮总产1 410.68亿kg，比上年增产44.7亿kg；山东小麦总产量达到234.66亿kg，比上年增加8.26亿kg。2015年，小麦占山东夏粮播种面积的99.96%～99.97%，总产占夏粮总产的99.97%～99.98%，山东省夏粮总产占全国的16.6%。

2015年，夏粮总产在全国前五位的是河南、山东、河北、安徽、江苏；单产全国前五位的是河南、山东、河北、安徽、新疆。

山东省2015年夏粮收购新麦质量好于2014年。其中，容重790g/L以上的一等小麦占32.9%（比2014年46.1%低13.2%），容重770g/L的二等小麦占35.6%（比2014年的31.6%高4%），容重750g/L的三等小麦占22.9%（比2014年14%高8.9%），以硬白麦为主，不完善粒含量绝大多数符合一、二等小麦标准，个别地区不完善粒检出破损粒、生芽粒，应与机械收获和收获季节雨水多有关，但总体影响不大。

第二节　2015 年山东省小麦生产成本分析

从山东省调查户情况看，2015 年亩均总成本为 1 021.5 元，比上年增长 3.1%。其中，亩均物质费用 482 元，比 2014 年下降 1.59%；亩均人工成本 539.5 元，比 2014 年增长 7.68%。按调查户小麦亩均单产 470.56kg，平均价格 2.36 元/kg 计算，2015 年小麦亩均总产值为 1 160.53 元，比 2014 年下降 2.71%；扣除每亩物质费用 482 元，亩均净产值为 678.53 元，比 2014 年下降 3.48%；再扣除每亩人工成本 539.5 元，每亩小麦纯收益为 139.03 元，比 2014 年减少 62.97 元，下降 31.17%。加上农户每亩种植粮食补贴金额为 124 元，2015 年农民种植 1 亩小麦纯收益合计 263.03 元，比 2014 年减少 63.97 元，下降 19.6%。

据调查，2015 年山东省农村流转土地费用 12 000～15 000 元/hm^2，有的高达 18 000 元/hm^2。规模较大的种植户（200 亩以上）比小农户（20 亩以下）节约农资成本2 250元/ hm^2 左右。特别是以培育小麦良种为主的订单农业，产品出售价格比市场高 0.2 元/kg，经济效益更能得到保障。

第三节　2015 年山东省小麦市场动态

一、山东省小麦价格与国内外价格比较

从表 2-1、图 2-1 中可以看出，国内小麦价格高于山东地区，远远高于国际到岸价。2015 年，2～6 月和 7～8 月价格比较稳定，6 月以后，山东省小麦价格与国内销区价格变化趋势基本一致。

表 2-1　2015 年山东省与国内小麦价格比较（元/kg）

月份	山东省价格	国内价格	国际价格
1 月	2.52	3.06	2.22
2 月	2.50	3.10	2.08
3 月	2.50	3.10	2.04
4 月	2.50	3.10	1.98
5 月	2.50	3.10	1.92
6 月	2.46	3.10	1.98
7 月	2.38	2.94	2.02

（续）

月份	山东省价格	国内价格	国际价格
8月	2.38	2.92	1.96
9月	2.38	2.92	1.98
10月	2.30	2.76	1.92
11月	2.34	2.76	1.88
12月	2.36	2.80	1.88

注：山东省价格为重点调查县（市）小麦市场平均价格，国内价格为广州黄埔港优质麦到港价，国际价格为美国墨西哥湾硬红冬麦（蛋白质含量12%）到岸税后价。

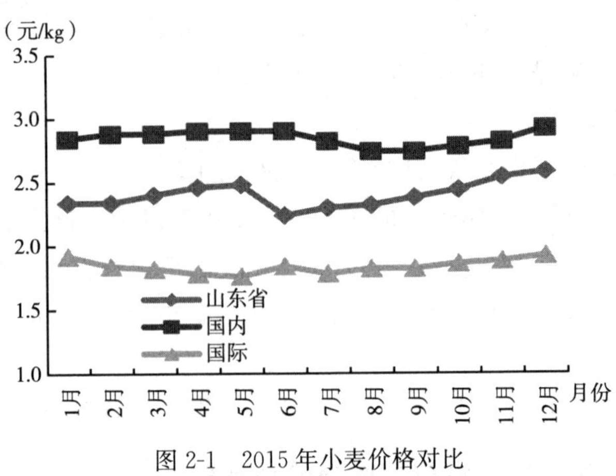

图 2-1　2015 年小麦价格对比

二、不同区域、不同收购主体小麦价格

从山东省 11 个市监测的国有粮食企业收购价格来看，2014 年各市小麦价格波动幅度大于 2015 年，其中，滨州和济宁两地小麦收购价格变化幅度较大，其次是聊城和泰安，变化较小的有潍坊、烟台、威海、枣庄等。2015 年，滨州、济宁和泰安波动幅度较大，潍坊、烟台、枣庄、威海、莱芜小麦价格波动幅度不大。

从山东省 11 个市监测的个体粮商收购价格来看，2014 年，各市小麦价格波动幅度大于 2015 年。其中，滨州、聊城、菏泽、济宁和泰安小麦收购价格变化幅度较大，枣庄波动最小。2015 年，滨州、济宁、莱芜小麦价格波动幅度较大，潍坊和烟台变化幅度不大。

从图 2-2 中可以看出，国有粮企收购价始终高于个体粮商收购价，2014 年小麦收购价格基本上呈直线上升的趋势，在 6 月以后均高于 2015 年，2015

年 5 月底小麦收购价格高于 2014 年同期，此后小麦价格开始下降，在小麦收获后的一周内（6 月 15～19 日），小麦价格达到最低，6 月 20 日以后，小麦价格呈缓慢增长后趋稳，至 8 月 20 日之后又缓慢下降。

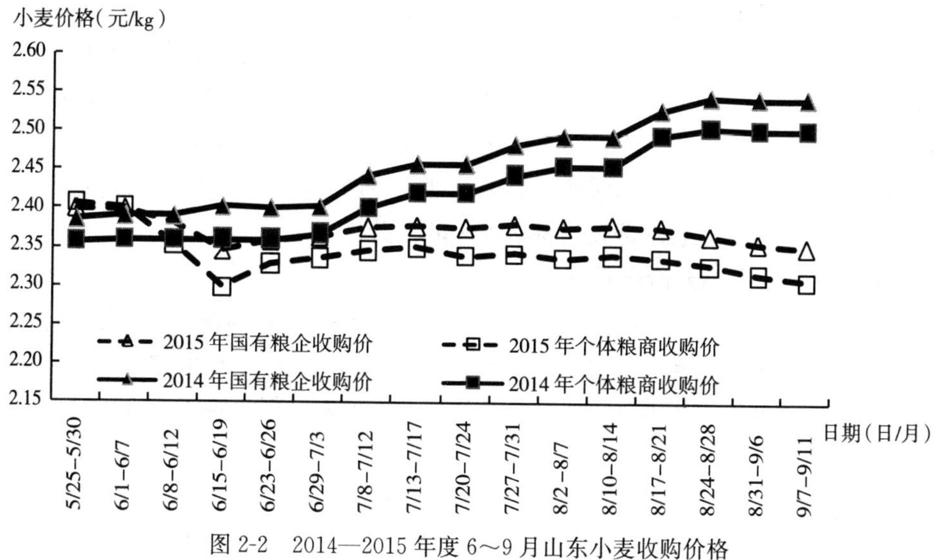

图 2-2 2014—2015 年度 6～9 月山东小麦收购价格

三、2015 年山东省小麦市场分析

2015 年的麦市可以说是惨淡的一年，可以归结为 6 个阶段。

（一）平稳阶段（1～5 月）

新麦上市前，小麦市场整体平稳，区间内震荡。上半年小麦市场表现稳定，市场供应充足，下游终端需求萎缩，整体变化不大，进口小麦量同比 2014 年同期有所减少，但对国内偏冷的行情并无大改善，据统计，2015 年1～5 月中国进口小麦 965 527t，比 2014 年同期减少 60.47%。

2015 年 1～5 月，中国累计小麦粉产量 5 535.39 亿 t，同比增长 3.02%，与往年同期相差不大。据了解，上半年面粉开工率整体不高，维持在 30%～50%，企业采购谨慎。而上半年玉米与小麦价差仍偏高，二者每吨相差 200 元左右，小麦作为饲料的使用占比偏低。另外，国储拍卖每周照常举行，市场供应宽松，整体麦市偏弱。山东小麦价格在 2.36～2.46 元/kg，全省平均价格基本稳定在 2.40 元/kg。

（二）小麦收获季（6 月上中旬）价格下跌

近年来，农民出售小麦的习惯发生很大变化，加上小麦基本实现了机械化收割，很多农民基本上在地头就把新麦全卖了，6 月主产区新麦上市时间特别集中，各地小麦价格大多低开。分析因素：2015 年小麦托市价格首次不升维稳，市场存在看空心里，市场逐渐由“政策市”转向“市场市”，供需决定市场价格；下游需求不佳，因受到经济大环境影响，本年度下游终端需求一直不景气，开工率普遍偏低，因小麦质量不佳，采购谨慎，大中型企业开工率可以维持在 50%左右，比往年同期有所下降。国内主产区小麦托市收购区域的扩大，增强了市场主体的信心，市场主体的购销心态逐步发生转变，阶段性供需偏紧或将成为支撑麦价上涨动力，麦价或逐步接轨政策价；但因面粉及麸皮市场表现不佳，需求启动较为缓慢。国家在部分主产区启动托市收购后，新小麦收购价格在经历了短暂的低迷后价格才不断回升。

（三）7～9 月小麦价格平稳

7～8 月，主产区新小麦市场购销活跃程度降温，新麦收购进度整体较为缓慢，小麦价格持续走弱，再加之国家在收购后期一再扩大托市收购范围，主产区市场价格底部支撑增强，小麦价格逐步止弱回稳，但往年市场阶段性上涨的行情并没出现。

8 月中旬以来，小麦市场价格持续回落。社会用粮企业降低收购力度，市场粮源充裕。8 月下旬以后，收购价格持续走低，国有粮食企业收购价格由 8 月 14 日的 2.38 元/kg 跌到 2.34 元/kg，个体商贩收购价格由 2.34 元/kg 跌至 2.30 元/kg；9 月 11 日，国有粮食企业收购价格 2.36 元/kg，环比跌 0.2%，同比跌 0.2 元/kg，跌幅 7.5%。2015 年 9 月 11 日，泰安、德州、聊城、滨州 4 市启动小麦最低收购价执行预案，加之此前启动的临沂、枣庄、菏泽、济宁，山东省已有 8 个市启动 2015 年小麦托市收购预案，最低收购价收购将于 9 月 30 日结束。这也是 2012 年来山东省启动托市收购范围最大的一次。主产区新麦价格持续回落，国家在收购尾声扩大政策性收购范围，主要目的在于稳定市场，托住底部价格以保护农民利益。由于粮源质量较好，启动范围较广，2015 年山东省托市收购量大幅提升，至 9 月 5 日，山东省收购托市小麦约 77 万 t，同比增加 74 万 t。

截至 2015 年 9 月中旬，山东省累计收购小麦 834 万 t。其中，国有粮食经营企业收购 278 万 t，占收购总量的 33%，同比增加 44 万 t；非国有粮食经营企业收购 556 万 t，占收购总量的 67%，同比增加 28 万 t。

2015 年 9 月，山东省大型面企开工率相对较好，维持在 70%左右；中小型面企开工率 40%～50%。麸皮价格持续回落，加工利润空间缩小。从 2014 年下半年以来，受国内养殖业低迷的冲击，麸皮价格持续回落，由 2014 年的 1.6 元/kg 下降到 1.00 元/kg，小麦加工利润空间缩小，造成个别加工企业亏损加大，致使开工率持续下降，小麦需求明显趋弱，也打压了小麦价格。由于受面粉整个行业亏损影响，在“供增需弱”格局下，麦价重心有所下移。

(四)“十一”期间小麦价格“断崖式”下跌

在托市收购结束后，山东省小麦价格“十一”期间出现断崖式下跌。在新麦大规模播种之际，2016年小麦最低收购价政策出台，给市场吃了一颗“定心丸”，稳定了粮食生产，同时也对市场价格起到了积极提振，市场主体购销心态趋于平稳。9月托市收购期间，基层经纪人和仓储企业抓住机会开始清仓出库，由于新玉米即将上市，资金和仓容都需要时间来盘活周转，故而出库意愿较为强烈，小麦交易量明显增加，截至托市收购结束，仍有大量卖粮车在排队等待，由于粮库储备有限，加之用粮企业降低收购力度、压低价格，市场粮源充裕等原因，造成了“十一”期间出乎意料的小麦价格大跌，给市场带来一丝阴霾。10月1～6日，小麦价格跌破2.10元/kg，个别地区甚至达到2.0元/kg，造成市场参与者极度恐慌。10月10日，国家出台了2016年小麦最低收购价，给市场注入了活力，从政策方面也给了市场参与者信心。小麦市场价格止跌反弹，市场上恐慌的心理减弱，农民种粮的积极性也因而提高。

正当冬小麦播种之际，盼望着的2016小麦最低收购价终于公布，小麦价格略有回暖但走势偏弱。山东省小麦主产区10月13～14日价格为2.2～2.28元/kg，10月21～27日均价为2.30元/kg。卖给种子公司当麦种的价格为2.52～2.60元/kg，同比低7.81%左右；卖给面粉厂或粮贩为2.26～2.32元/kg。绝大多数农户都没有等到国家托市收购时，所以没有真正享受到实惠。

调查经纪人群体发现，2015年小麦收购总量略比2014年低，收储规模小的经纪人对小麦市场不看好，9～10月持观望态度；有固定销售点的经纪人，市场粮价的高低对其经济效益影响不大。

中小型加工企业勉强维持生存。从2014年下半年以来，受国内养殖业低迷的冲击，低价非主粮进口力度持续不减，玉米价格大幅走低，小麦替代玉米用于饲料的优势下降，预计年度内小麦饲用消费将下降，麸皮价格走低，面粉价格略降，厂家盈利空间被压缩，面企遭受面粉及麸皮“量价”双重挤压。自从新小麦上市以来，面粉厂家普遍有一定库存，“十一”期间小麦价格下跌，厂家库存并不能完全消化完，出于追涨杀跌的心里，厂家收购并不积极，因此，部分厂家并未累积低价小麦。受制于食品销售增速趋缓，面粉产量增速放慢，加剧面粉加工行业竞争程度，再加上随着节日效应的减退，面粉市场逐步又进入平淡时期。竞争处于劣势的中小型面粉厂，开工率持续下降，生存难以维持。2015 年 10 月，山东省大型面企开工率维持在 70％以上，中小型面企开工率 50％左右。调查的饲料企业开工率在 40％左右，饲料销售量比 2014 年降低 30％左右，2015 年企业效益下滑 10％以上。

（五）11 月小麦市场价格趋稳略涨

小麦市场价格修复性反弹后整体趋稳略涨。市场整体供给充足，价格一直延续以偏弱的行情为主。面粉销售价格略有上涨，加工企业开工率相应提高，对小麦采购需求依然较谨慎，大多以边采购边加工的方式进行，市场购销清淡情况有所好转。

随着冬季来临，以及小麦播种结束，山东省大部分小麦主产区的农民开始进行玉米脱粒和销售工作，而小麦加工企业进入相对开工旺季，开工率环比提高 10％左右，市场对小麦需求不断增加，提振小麦价格持续出现小幅爬升。11 月以来，山东省小麦价格小幅走高趋势，农户平均出售价 2.26～2.30 元/kg，经纪人卖给加工厂的平均价格一般在 2.32～2.40 元/kg。根据信息员分布区域来看，菏泽地区小麦价格相对较高，德州地区相对较低。11 月 12 日，山东省德州市小麦市场个体粮商坐庄收购价在 2.22～2.26 元/kg，面粉企业收购价在 2.22～2.32 元/kg，整体平稳，局部上涨了 0.02～0.04 元/kg。

企业的粮源主要有粮贩和国库两方面，少部分企业也采用进口小麦，在市场需求增强和看涨心理开始出现的情况下，经纪人预期小麦价格还会有所上涨，收购量增大。大部分制粉厂提高了开工率，工厂小麦需求量不断加大，但一般采取边采购边加工的形式，更多的是利用前期库存进行生产，所以并未出现大量收购的场面。小麦上涨助推面粉价格反弹。自 11 月 12 日开始，小麦基本开启了缓慢上涨之路。市场流通量少，影响企业上货量。一是玉米价格出现反弹，特别是山东地区涨势明显，而 2015 年小麦价格较 2014 年平均低 0.2 元/kg左右，农户及部分持货经纪人皆存一定惜售心理，因此，在上货量难保障的情况下，只能提升收购价。在价格上涨的情况下，企业加工压力也随之加大，厂家加工心态略受影响；二是阴雨天气原因，对粮食收购主体操作量有影响，市场整体购销量减少。麸皮市场近日出现微幅反弹，不过整体变动不大。潍坊地区麸皮出厂价格从 0.98～1.04 元/kg 上涨至 1.12～1.14 元/kg。多数企业表示对近期麸皮市场持谨慎的心态，认为无大幅上涨的可能。综合来看，副产品虽有微幅反弹，但是涨势有限，难以帮助面粉企业走出困局，因此，企业基本选择提升面粉价格来保障加工。据了解，多数地区厂家面粉价格皆出现了不同幅度的上调，部分大厂上调幅度在1.5～2元/袋（25kg），多数企业上调0.5～1元/袋（25kg）。下游经销商多数有采购备货的操作，面粉近期出货较为顺畅，加之厂商对于后期元旦、春节前的需求预期，企业挺涨心理也渐渐增强。预计短期若面粉走货顺畅，部分低价企业也将渐渐向上靠拢，不过若小麦价格不再上调，面价上涨空间亦有限。在节日需求的影响下，企业开工渐渐提高，市场整体购销氛围将渐渐趋好。

（六）12月小麦市场经历了一次“过山车式”波动

在天气的影响下，在11月底至12月初，山东省小麦价格经历了一次“过山车式”的走高趋势，小麦价格连续上涨，以为12月小麦市场的“春天来了”。12月初，经纪人卖给加工厂的平均价格一般在2.42～2.52元/kg，但从12月的第二周开始，小麦价格就出现了回落走势。12月中旬，德州市二级小麦面粉厂收购价由2.42元/kg降至2.34元/kg，特一粉出售价由2.38元/kg涨至3.29元/kg；临沂二级小麦面粉厂收购价由2.52元/kg降至2.41元/kg，三级小麦由2.39元/kg降至2.37元/kg。2015年12月21日，菏泽地区经纪人收购价在2.32元/kg，面粉厂收购价2.42元/kg；聊城地区经纪人收购价2.22～2.26元/kg，面粉厂收购价2.32元/kg；麸皮最高时达到1.25元/kg，面粉企业开工率与11月相比有所上浮。截至12月25日，山东省小麦均价已降至2.26～2.32元/kg，大部分地区面粉厂采购一等小麦价格已经降至2.38～2.42元/kg，小麦市场价格反弹后整体趋稳。临近节日，加工企业开工率有所提高，对小麦采购需求依然较谨慎，面粉销售价格略有上涨，大多以边采购边加工的方式进行，市场购销清淡情况有所好转。

面粉价格上涨后略降趋稳。一般来说，每年面企都将在年底扩大开机率以适应市场对面粉的需求，中型以上面粉厂开机率有所提升，但小型面粉厂的开机率也主要是为了完成订单依旧维持较低水平。麸皮市场出现微幅反弹后回落，不过整体变动不大。出厂价格最高时达到50元一袋（40kg），截至12月25日，麸皮价格平均为1.02～1.06元/kg，多数企业表示对近期麸皮市场持谨慎心态，认为无大幅上涨的可能。综合来看，副产品虽有微幅反弹，但是涨势有限，难以帮助面企走出困局，因此，企业基本选择提升面粉价格来保障加工，而支撑麸皮价格上行的主要动力还是来自麸皮市场供需基本面的变化以及其替代产品价格的波动。面粉价格涨幅在0.006～0.010元/kg。元旦临近、春节即将到来，企业挺涨心理也渐渐增强。预计短期若面粉走货顺畅，部分低价企业也将渐渐向上靠拢，不过若小麦价格不再上调，面粉价格上涨空间亦有限。在节日需求的影响下，企业开工渐渐提高，市场整体购销氛围将渐渐趋好。

（七）2015 年小麦市场短期走势

从山东省统计和农业等部门获悉，2015 年农业生产进一步向好，粮食生产总体将呈现“夏增、秋稳、全年增”的局面。夏粮已持续实现“十三连增”。

受宏观经济形势影响，以及随着人民生活水平的提高、膳食结构优化调整，小麦口粮消费需求整体平稳略减；在养殖业仍不景气、玉米库存水平较高等因素影响下，小麦替代玉米用于饲料的优势下降，年度内小麦饲用消费将下降。

2015 年，小麦市场处在“上下两难”状态中，受相对需求平稳、供求充裕影响致使小麦价格上涨乏力，但因国家最低收购价小麦政策、种粮成本等因素的支撑和制约，小麦市场下行空间有限。小麦与玉米无价格优势，在饲料行业难替代玉米。2016—2017 年托市和临储价格维持上一年度不变，虽然在当前成本不断增加的情况下，减少了农民收益，但较玉米托市收购临储价格下调，大豆、棉花、菜籽取消临储，政策支持比较明显，小麦播种面积大体与上一年度持平。

2016 年，小麦最低收购价政策的公布给前期低落的市场打入了一剂“强心针”，麦价短期内止跌企稳，但政策利好很快被市场消化。从后期走势看，受宏观经济形势、国内外小麦供需等影响，小麦市场总体仍将弱势运行。第一，国内小麦需求低迷，库存高企。受经济大环境影响，我国粮食加工行业需求低迷，加之巨大的国内外价差，导致国内粮食市场“产量增、库存增、进口增”。据统计，全社会收购量减少，说明后期小麦供应除托市粮拍卖、经纪人供应外，市场仍有较充足的流通粮源。第二，全球小麦供需格局宽松，价格跌至 2010 年以来低位。2013 年、2014 年全球小麦产量连续两年创历史新高，供需形势宽松，同时，美元走势较为强劲，国际市场小麦价格也整体下行。2015 年，全球小麦产量、库存增至 3 年来最高。第三，国内外价差巨大，进口压力大。随着国际市场小麦价格整体下行，而国内价格在最低收购价政策支撑下逐年上涨，2011 年四季度以来，国内外价格出现倒挂，且成为常态。根据国际价格走势和国内外比价，今后进口量仍然不会小。

但是也应该看到，我国秋冬种植小麦面积基本稳定，优质麦需求相对旺盛。尽管 2015 年新麦上市以来市场行情明显不如 2014 年，但 2016 年国家最低收购价政策公布得很及时，一定程度上稳定了农民种粮积极性。另外，我国主产区小麦生产已基本实现全程机械化，省工省力，管理相对简单，这也是农民选择种植作物时考虑的因素。

从整体需求来看，2015 年国内小麦的整体消费数量较上一年仍有小幅缩减，分开来看，面企的整体需求量与上年相比整体表现持平，整体消费量下降主要集中在饲用小麦的需求大幅减少所致。供应方面，小麦的整体供应量已经处于宽松的状态，有相当大的一部分粮源掌握在临储以及地方储备当中，导致了当下市场当中部分地区可流通的优质粮源相对紧缺的状态。而临储对于市场的难以补充还是因为拍卖底价过高，难有成交。一旦在新年当中临储拍卖底价进行适当的调整，未来临储拍卖方面仍然是市场有益的补充。

从整体供需的情况来看，2016 年小麦市场整体仍然是供应相对较为宽松的状态，如果 2016 年新季小麦继续丰产的话，宽松的格局将会延续下去，小麦市场的价格将会在政策保护下保持平稳，最低收购价将会成为多数地区小麦价格的“天花板”价格。在国内小麦市场整体低迷的形势下，优质麦需求仍然相对较旺。在这样的大背景下，建议种粮大户根据对市场的预判，积极调整从而丰富种植品种，从这个角度讲，行情的变化对调整产业结构也是个促进。同时也建议有关部门积极探索区域农业结构调整的新途径，同时推进粮食绿色增产模式攻关，以更好地适应国内需求结构升级的新常态。

综合上述因素判断，后期小麦市场仍将维持弱势运行格局，受春节消费拉动，价格将呈短期温和上涨，但“旺季不旺”“淡季更淡”现象仍然会比较明显。2016 年新麦上市后的价格将更多取决于产量及品质，最低收购价政策仍会对市场起到一定支撑作用。

第三章　2016年山东省小麦市场供需报告

2016年国内小麦市场行情同2015年相比可谓大相径庭。尤其下半年以来的小麦价格走势强劲，以至于市场底部重心较2015年同期出现大幅上移，2016年山东小麦市场具体有以下几个特点。

一是国家政策性收购执行力度强劲。2016年夏粮小麦收购，国家最低收购价收购预案不仅启动较早，而且执行力度之大为近年少有。国家粮食局统计数据显示，截至9月30日，主产区各类粮食企业累计收购小麦7 582万t，同比增加951万t，增幅14.34%。其中托市小麦收购2 853万t，同比增加774万t，增幅37.23%。由于国家政策性收购力度较大，大量符合质量的小麦进入托市收购，导致后期流通市场优质小麦供应偏紧。

二是山东、河北小麦价格明显高于其他南方地区。受异常天气的影响，2016年南方麦区小麦质量受损严重，质量普遍偏差。北方小麦价格上涨速度快、幅度大，而南方麦区市场价格重心却始终上行困难，南北小麦价格走向分化特征极为明显。由于华北地区小麦质量较好，2016年夏收主产区企业跨区域采购力度较大，河北和山东小麦外流数量增加。往年河北、山东用粮企业多从河南、安徽、江苏等地采购小麦，而2016年市场却出现了粮源"倒流"的反常现象。

三是优质强筋小麦行情逊于普麦。2016年夏收以来，相对于普麦价格的上行，优质强筋小麦市场则显得相对平淡，价格运行虽稳中维持坚挺，但涨势明显逊于普麦。截至12月底，山东菏泽地区"济南17"进厂价2 760元/t左右。主产区优普麦价差平均在120元/t，比2015年同期减少130元/t左右。由于优普小麦价差偏小，再加之专用粉需求增加，11月以来优质强筋小麦价格补涨态势明显。

四是国内外差价大刺激小麦进口。2016年全球小麦市场供给充足，需求疲弱，国际市场小麦价格整体下行。价格已跌至2010年以来低位，美国CBOT小麦期货价格在继2015年下跌20%以后再度下跌13%。监测数据显示，2015年6～11月，美国硬红冬麦到港完税价与山东产"济南17"到南方港口的平均价差达到1 091元/t，高于2015年同期的943元/t。由于价差扩大，经纪人进口利润增加，2016年度以来我国进口小麦数量同比增加。2016年11

月，我国进口小麦 2.76 万 t，1～11 月累计进口 315 万 t，同比增加 14.22%。国家粮油信息中心预计，2016—2017 年小麦进口总量为 300 万 t，保持相对高位。

总体上，2016 年山东省小麦价格上半年比较平稳，6 月新麦的大量上市使得小麦经历了一个低谷时期；10 月小麦托市收购结束之后，小麦价格开启了上涨模式。2016 年 11 月以后，为满足市场需求，政府相继在山东、河北、安徽、江苏等地挂牌拍卖 2015 年产最低价收购的小麦。由于这批小麦质量较好，可以满足市场需要，一开始挂牌拍卖就出现了较高的成交率，临储小麦拍卖也就成为面粉厂最稳定的货源。在政府量大价稳的抛储作用下，小麦价格高位滞涨。2016 年 12 月，小麦现货价格维持平稳，大部分地区进厂价与月初持平，仅部分地区上涨 0.02 元/kg 左右，前期强劲上行的势头不复存在。

第一节　2016 年山东省小麦生产情况

一、小麦播种面积与产量

据国家统计局山东调查总队统计，2015—2016 年度山东省夏粮播种面积 383.21 万 hm^2，同比增加 3.08 万 hm^2；全省小麦播种面积为 383.03 万 hm^2，同比增加 3.04 万 hm^2。山东省夏粮单位面积产量为6 120.4kg/hm^2，同比减产 54.7kg，减幅 0.89%。山东省夏粮总产量2 345.4万 t，同比减产 1.9 万 t，减幅 0.81%。小麦播种面积占山东省夏粮播种面积的 99.95%～99.96%，小麦总产占夏粮总产的 99.97%～99.98%，2015 年山东省夏粮总产占全国的 16.8%。从夏粮产量构成因素分析，山东省小麦总体呈现“两减一增”趋势，即单产和总产略减，种植面积增加。

2015—2016 年山东省小麦减产的主要原因是麦播时期部分地区出现较重的秋旱，影响了播种的进度和质量，播期相应拉长，致使部分田块群体偏小，造成小麦冬前生长不足，返青后苗情基础偏差；1 月的超低温造成小麦冻害较大面积发生；在小麦收获期间，部分地区遭受强降水，不仅影响小麦产量，而且造成小麦品质下降。

二、2016 年小麦生产成本分析

据山东省农业科学院科技信息研究所农业监测预警团队对山东省小麦产业信息员调查情况分析，2016 年山东小麦亩均总成本为 741.73 元，其中，人工费用分摊到小麦生产的每一个环节，不再单独计算。平均每亩净收益为

346.93 元。山东省小麦每亩平均产值为 1 010 元，签订种子培育合同的大型种粮农户平均亩产值可达到 1 400 元以上，而部分遭受灾害的潍坊小麦种植大户亩产值在 200 元左右，损失严重。小麦收获后的去向主要有 3 个：个体粮商、面企、种子公司。作为种子回收的小麦一般实行订单生产，能够提前锁定利润售价较高，出售价格为 2.50～2.70 元/kg；面企次之，出售价格为 2.30 元/kg 以上；卖给个体粮商的小麦出售价格在 2.20 元/kg 左右。

从图 3-1 可以看出土地租金已经成为小麦生产成本中占比最高部分，平均约为 44%，有的农户土地成本占总成本的比重最高可达 65%。小麦生产过程中每亩平均肥料费用约占总成本的 24%，其他费用如机播费、种子费、水肥费、农药费和收割费用所占比例大体相当，每年变化相对较小，多在 7%以下。

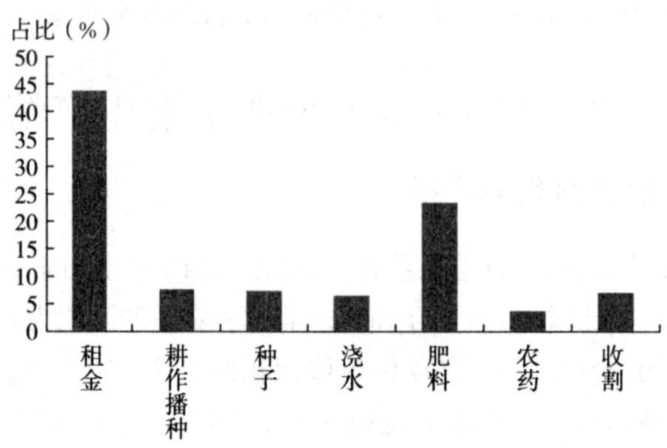

图 3-1　2016 年小麦生产过程各项费用占总成本的比重

据调查，目前每亩土地的流转费用为 400～1 200元/年，因山东地区大多是小麦-玉米连作模式，小麦季土地租金为 200～600 元/亩，不同地区的土地流转费用没有明显的规律，土地流转费用的高低主要取决于土地的肥沃程度和地理条件。规模较大的种植户（500 亩以上），其规模优势被相对较高的土地承包费用所抵消。据观测，当土地种植面积超过 500 亩以上时，分摊到小麦各个生产环节的生产成本也会随之增加。

第二节　2016 年山东省小麦市场情况

一、山东小麦价格与国内外价格比较

从表 3-1 和图 3-2 可以看出，2016 年国内小麦价格高于山东地区，远远高于国际到岸价。2～6 月和 7～8 月价格比较稳定，6 月以后，山东小麦价格与国内销售区价格变化趋势基本一致。

表 3-1　2016 年山东省小麦价格与国内外价格比较（元/kg）

月份	山东省价格	国内价格	国际价格
1 月	1.17	1.42	0.96
2 月	1.17	1.44	0.92
3 月	1.20	1.44	0.91
4 月	1.23	1.45	0.89
5 月	1.24	1.45	0.88
6 月	1.12	1.45	0.92
7 月	1.15	1.41	0.89
8 月	1.16	1.37	0.91
9 月	1.19	1.37	0.91
10 月	1.22	1.39	0.93
11 月	1.27	1.41	0.94
12 月	1.29	1.46	0.96

注：山东省价格为重点调查县（市）经纪人平均价格。国内价格为广州黄埔港优质麦到港价。国际价格为美国墨西哥湾硬红冬麦（蛋白质含量 12%）到岸税后价。

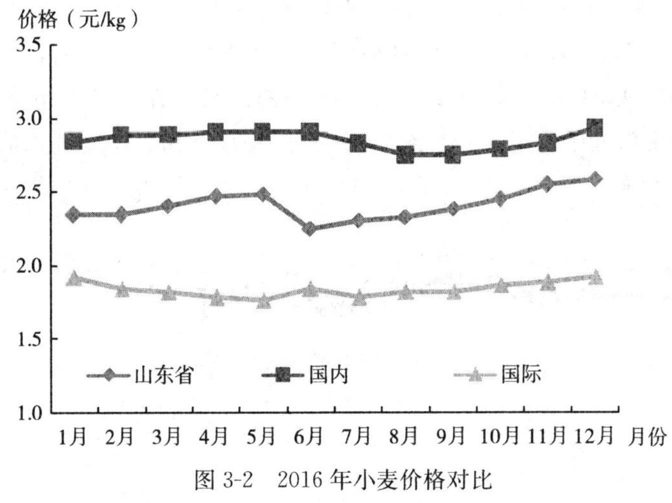

图 3-2　2016 年小麦价格对比

二、不同收购主体小麦价格

从图 3-3 中可以看出，国有粮企收购价始终高于个体粮商收购价，差值一般每千克 0.02 元左右，2016 年国有粮企收购价格同比下降 1.81%，个体粮商收购价格同比下降 2.3%。2016 年小麦价格 6 月中旬以后呈平稳上升趋势，而 2015

年 9 月以后小麦价格呈下降趋势，两年度在 9 月底同类收购主体基本同价。

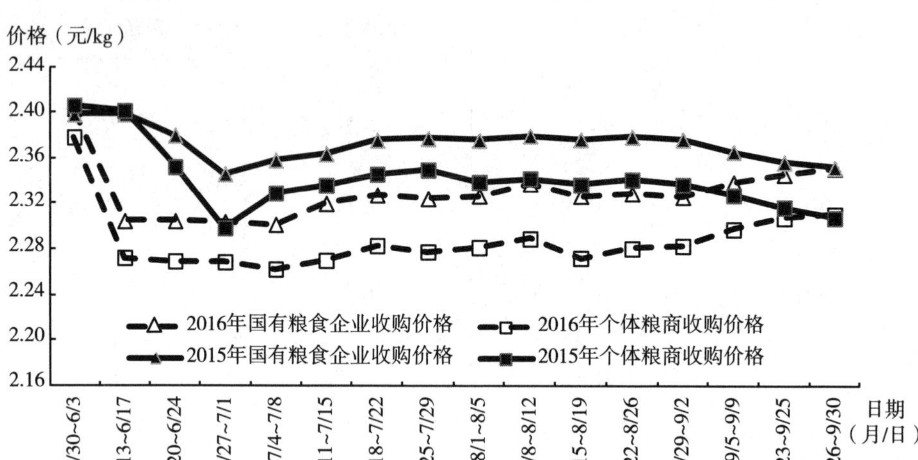

图 3-3　2015—2016 年度 6～9 月山东省小麦收购价格

（一）个体粮商收购价格

图 3-4 是对山东省个体粮商小麦收购价格的监测。2016 年小麦价格为 2.10～2.70 元/kg，2016 年 1～2 月小麦价格比较平稳，基本稳定在 2.36 元/kg，上下浮动 0.02 元；2～5 月小麦价格小幅波动上升，基本维持在 2.40 元/kg 以上，最高价格为 2.56 元/kg；6～7 月新小麦上市之后，个体粮商收购小麦价格出现下降，价格在 2.10 元/kg 左右波动；在 7 月中旬至 12 月，个体粮商收购价格处于稳定上升状态，特别是 10 月下旬，小麦托市收购结束之

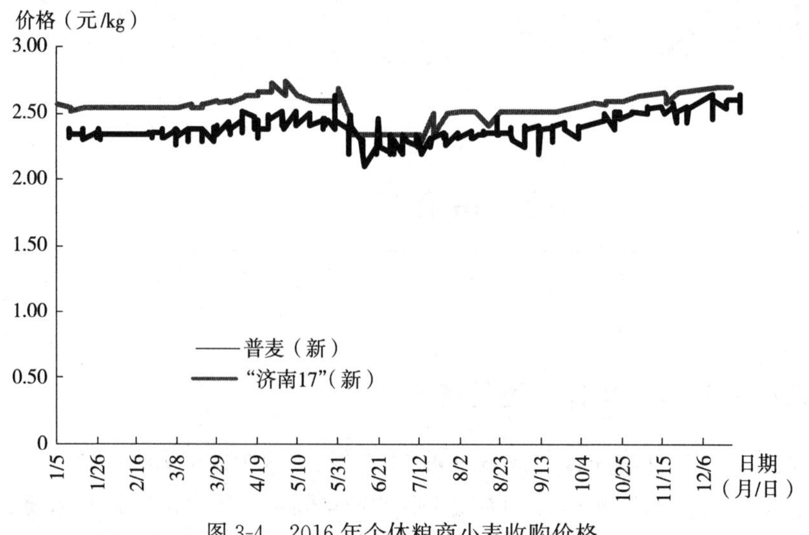

图 3-4　2016 年个体粮商小麦收购价格

后，因市场粮源供应偏紧，小麦收购价格出现较大幅度的上涨。

2016 年强筋麦“济南 17”个体粮商收购价格与普麦的变化趋势基本一致，变化幅度为 2.26～2.74 元/kg。1 月至 5 月中旬，个体粮商收购“济南 17”的价格呈上升趋势，价格为 2.26～2.66 元/kg；5 月中旬之后，进入小麦收获季，“济南 17”的价格有所下降，一直持续到 7 月中旬的 2.34 元/kg；7 月末个体粮商小麦收购价格恢复波动上升态势，到 12 月“济南 17”的最高监测价格为 2.74 元/kg。

（二）加工企业收购价格

面企收购小麦价格的总体变化比较平稳。2016 年 1～5 月收购价格小幅波动，基本维持在小麦托市收购价格 2.36 元/kg 以上；6 月小麦收获季，小麦价格出现大幅下跌，最低收购价为 2.20 元/kg；7 月中旬以后，收购价格上升到 2.30 元/kg 以上；7 月中旬至 9 月中旬，小麦收购价格在 2.30～2.40 元/kg；9 月中旬以后，收购价格开始上升，截至 12 月 20 日，加工企业的报价为 2.68 元/kg。

山东强筋麦“济南 17”面企的收购价格周监测变化幅度较小，月监测变化幅度较大。2016 年 1～2 月，“济南 17”企业挂牌收购价 2.52～2.54 元/kg，3 月第 1 周出现较大幅度的下调，为 2.34 元/kg，3 月第 2 周开始上涨模式，直到 5 月底“济南 17”企业挂牌收购价上涨到 2.68 元/kg。6 月“济南 17”企业挂牌收购价格开始下调，中下旬降到 2.30 元/kg。自 7 月以后，“济南 17”价格逐渐上调，7 月上旬至 11 月中旬，价格从 2.40 元/kg 稳步上调至 2.60 元/kg；11 月中旬以后，“济南 17”开始出现较大幅度的价格上涨，收购价格一度冲破 2.68 元/kg,有的企业甚至曾出现过 2.72 元/kg 的高收购价(图 3-5)。

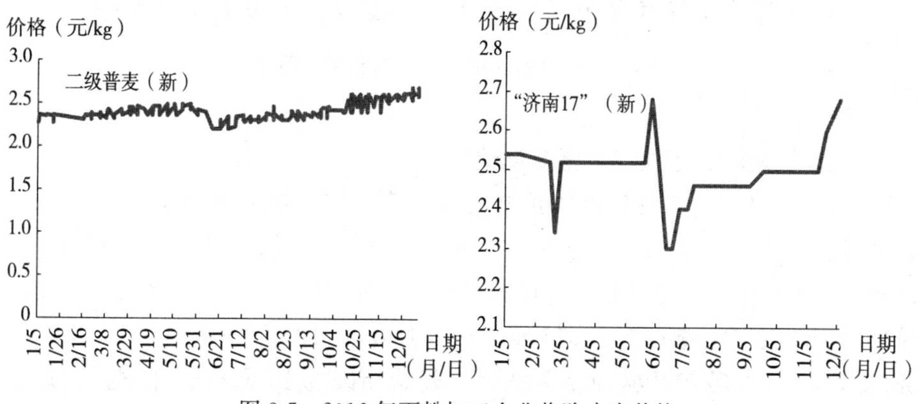

图 3-5　2016 年面粉加工企业收购小麦价格

三、小麦加工产品价格

（一）特精粉、特一粉、特二粉

从图 3-6 可以看出，特精粉、特一粉和特二粉价格变化趋势基本一致。2016 年 1～3 月特精粉的价格为 3.48 元/kg，特一粉为 3.16～3.20 元/kg，特二粉为 3.08～3.28 元/kg；4～5 月新陈麦交替期，企业小麦存货变少，市场小麦购销处于低谷，原麦的短缺及价格上涨使得面粉价格出现阶段性上涨。4～5 月特精粉价格为 3.52 元/kg、特一粉为 3.20 元/kg、特二粉为 3.12 元/kg。6 月至 9 月初新小麦上市，小麦价格的下调使得面粉价格又恢复到 1～3 月的价格水平。9 月中旬以后，由于原麦价格上涨，面粉价格也开始上升，截至 12 月 20 日，特精粉价格为 3.60 元/kg、特一粉为 3.28 元/kg、特二粉为 3.16 元/kg。

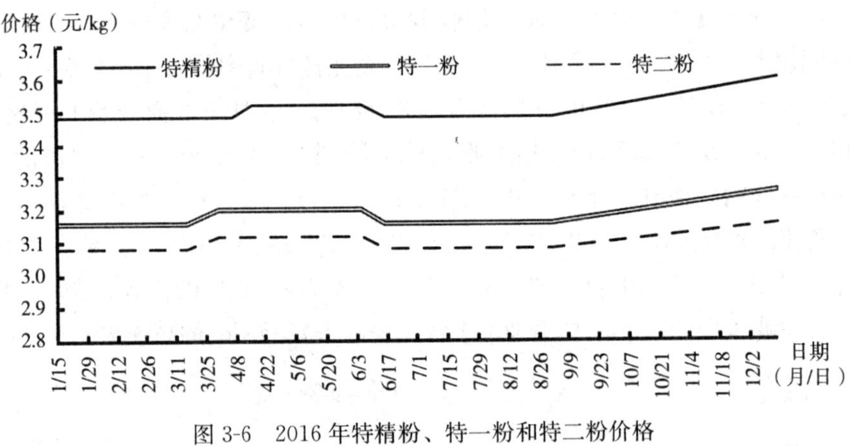

图 3-6　2016 年特精粉、特一粉和特二粉价格

（二）标准粉、普通粉价格变化情况

由图 3-7 看出，3 月标准粉价格有所下降，监测最低点为 1.10 元/kg，4 月及以后基本维持在 2.60 元/kg，上下波动 0.10 元/kg。普通粉价格的月波动较大，主要原因普通粉是所有面粉种类中交易频次最多的面粉类型，与原麦价格的变动反应比较灵敏。2016 年 1～10 月普通粉的价格波动为 3.00～3.40 元/kg，11 月以后普通粉的企业挂牌价开始突破 3.40 元/kg，截至 12 月 20 日，普通粉的最高监测价格为 3.50 元/kg。

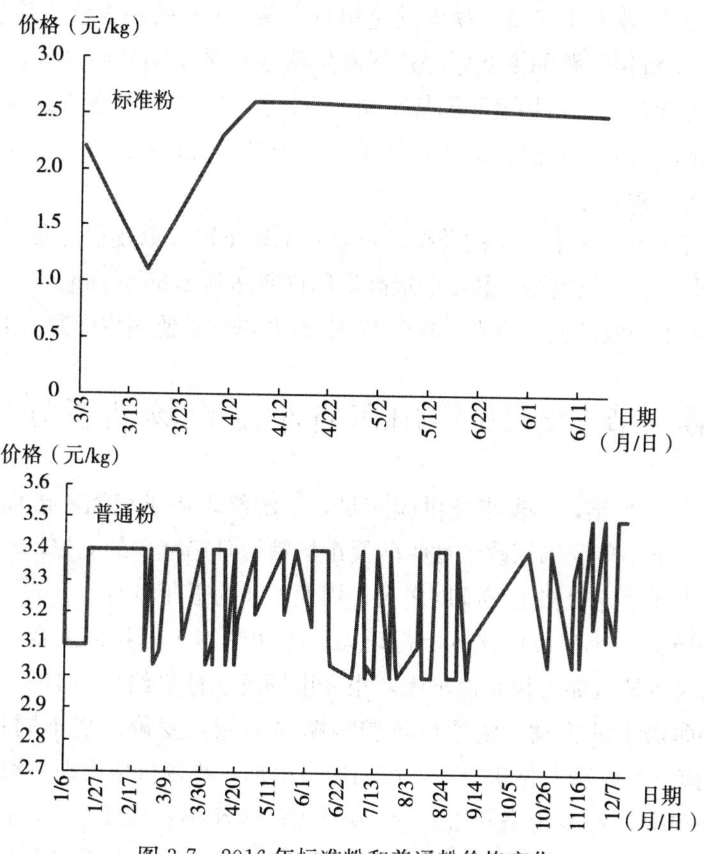

图 3-7 2016 年标准粉和普通粉价格变化

（三）麸皮价格

从图 3-8 可以看出，2016 年 1～5 月麸皮价格基本维持在 1.0 元/kg 以下。

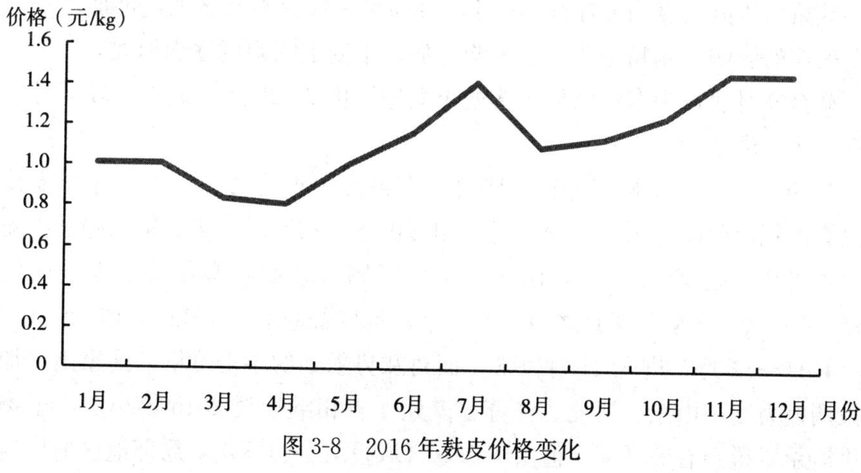

图 3-8 2016 年麸皮价格变化

由于1～5月企业开工率高，麸皮供应相对充足，4月的麸皮监测均价为0.82元/kg。麸皮价格下跌的主要原因是下游生猪存栏量刚刚开始复苏，下游饲料消费整体低迷，麸皮市场处于弱势平衡状态。麸皮价格的显著下跌直接影响到加工企业的经营效益，受此影响，加工企业普遍上调面粉出厂价格，但经营状况依旧不容乐观。

2016年6月，随着气温的升高，企业开工率下降，麸皮供应量下降，麸皮开启了上升之旅，据监测，麸皮的最高出厂价曾达到1.66元/kg。8～12月麸皮价格的总体上呈波动上升趋势。截至12月20日麸皮的监测均价为1.46元/kg。

第三节　2016年山东省小麦市场动态分析

2016年上半年，小麦市场供应充足，下游终端需求萎缩，市场小麦价格稳中下滑。下半年受国家政策性收购及市场粮源日趋减少的支撑，小麦价格总体上行。市场小麦价格上涨幅度之大、周期之长为近年少有。

1.1～5月　小麦市场整体上行乏力。年初受制于面粉加工企业阶段性补库结束以及各地区储备粮轮换出库，小麦市场阶段性供给压力加大。3月受面企粮源补库需求的推动，流通市场粮源略显紧张，麦价出现不同程度走高。5月下旬南方产区新麦收获上市，市场压力增加，小麦价格出现下滑。

2.6～9月　小麦价格开始上行。6月主产区新小麦陆续上市，各地小麦价格大多低开。6月上旬尽管湖北、江苏、安徽、河南4省及时启动最低收购价预案，但由于大量低质小麦难以达到入库要求，市场购销并不活跃。7月以后，河北、山东加入最低收购价收购行列，再加之南方各地陆续出台等外小麦收购政策，收购进度明显加快。9月，市场粮源减少迹象显现，再加之受“双节”效应的影响，制粉企业小麦采购增加，小麦上涨幅度逐步加大。

截至9月底，山东济南地区普通小麦进厂价2 420元/t左右，较6月上市初期大多上涨了80～120元/t。

3.10月　小麦价格涨势较为明显。夏粮集中收购结束，2016年小麦价格并没有因托市收购退出而出现下滑，相反由于需求回暖、市场粮源趋紧小麦价格一再走高。截至10月末，山东济南地区制粉企业收购普通小麦进厂价为2 500～2 560元/t，1个月之内主产区小麦价格普遍上涨了120～160元/t。

4.11～12月　进入11月以来，面对涨势强劲的小麦价格，国家出手加大政策调控力度，山东、河北、江苏、安徽4省相继投放2015年小麦，市场总体供需矛盾得到有效缓解。但由于市场区域投放分布不均，局部地区的供需仍显偏紧，小麦价格整体继续偏强运行。

截至 12 月底，山东济南地区制粉企业收购普通中等小麦进厂价为 2 560～2 620 元/t，河北石家庄地区收购进厂价 2 600～2 680 元/t，河南郑州地区收购进厂价 2 480～2 560 元/t，江苏徐州地区收购进厂价 2 480～2 570 元/t，安徽宿州地区收购进厂价 2 480～2 570 元/t，较 11 月初的价格再度上涨了 40～60 元/t。

第四章 2017年山东省小麦市场供需报告

第一节 2017年1月山东省小麦市场供需报告

2017年1月小麦价格行情稳定（表4-1、图4-1）。

表4-1 2016年1月至2017年1月山东省小麦市场价格（元/kg）

时间		山东省价格
2016年	1月	2.34
	2月	2.34
	3月	2.40
	4月	2.46
	5月	2.48
	6月	2.24
	7月	2.30
	8月	2.32
	9月	2.38
	10月	2.44
	11月	2.54
	12月	2.60
2017年	1月	2.60

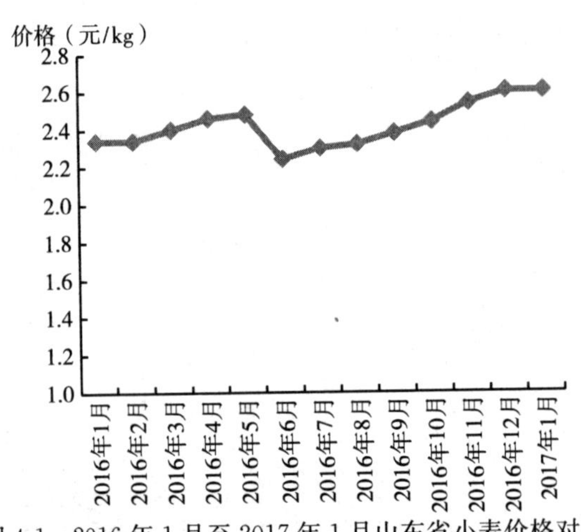

图4-1 2016年1月至2017年1月山东省小麦价格对比

注：价格为山东省重点调查县（市）经纪人平均收购价格。

2017年1月山东省小麦市场价格稳步上涨，经纪人收购价为2.54～2.62元/kg，平均价格为2.60元/kg，与2016年12月基本持平；面企根据小麦质量定价，价格为2.50～2.70元/kg，平均价格为2.64元/千克，月均环比持平。特精粉价格为3.52元/kg，环比上涨1.4%；特一粉价格为3.42元/kg，环比上涨0.5%；特二粉价格为3.26元/kg，环比上涨0.7%。麸皮均价为1.44元/kg，环比下降4.3%。

一、小麦生产情况

2017年山东省小麦生产，由于秋种期间大部分地区墒情适宜，播种进度快，适播面积大，播种基础好，冬前苗情明显好于2016年和常年，是近几年来苗情较好的一年。主要特点：一是群体合理，个体比较健壮。全省平均亩茎数67.44万条，单株分蘖3.22个，单株叶片数5.31片，单株次生根4.7条，分别比2016年增加5.61万条、0.41个、0.42片、0.55条。二是一类苗面积扩大，二类、三类苗面积减少。全省5 767.3万亩小麦，一类苗所占比例为49.93%，比2016年增加5.01%；二类苗比例为34.74%，比2016年减少2.06%；三类苗比例为9.13%，比2016年减少7.08%；旺苗比例为6.2%，比2016年增加4.13%。三是小麦播种后全省平均降水量偏多，墒情普遍较好。

存在的不利因素主要有：一是旺长面积较大。2016年秋种以来，山东省平均气温偏高，10月1日至12月底积温比常年高出90℃以上，导致部分播种偏早、播量偏多的地块出现旺长。据统计，全省旺长面积23.8万hm^2，比2016年增加15.9万hm^2。二是部分麦田遭受不同程度冻害。受2016年11月下旬大幅降温天气的影响，部分地块出现不同程度的冻害。三是部分地块病虫草害较重，尤其是个别地块地下害虫和杂草发生程度较重。

2017年1月20日对聊城、临沂、菏泽、潍坊、德州等地的小麦种植大户调研，了解到没有发现小麦病害。因播种早、雨水多，温度高，麦苗普遍过于旺盛，群体大，后期有发生冻害、病虫害、倒伏等风险。

二、小麦市场情况

（一）经纪人收购价格

截至2017年1月22日，山东省不同地区一等麦均价如图4-2。1月各地小麦价格与2016年12月基本持平，不同地区有0.02～0.04元/kg的下调。德州、聊城的1月加工企业收购均价为2.66元/kg；菏泽、潍坊的收购均价为

2.64 元/kg；济南、济宁的收购均价为 2.62 元/kg；临沂收购均价最低为 2.56 元/kg。截至 1 月下旬，传统的小麦需求购销旺季已经过去，预期未来小麦价格将呈现波动下降趋势。

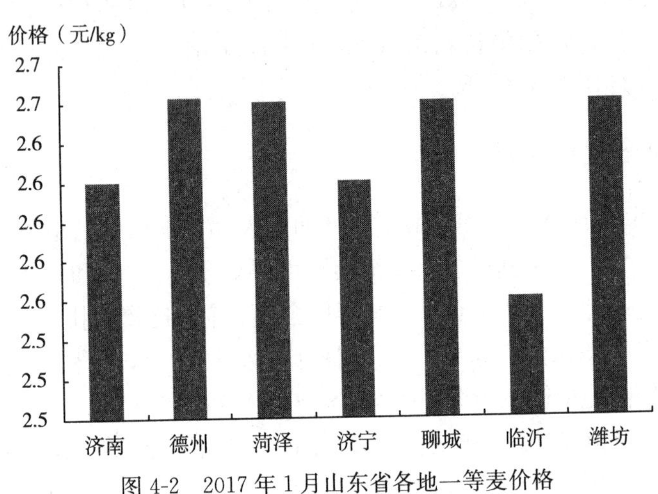

图 4-2　2017 年 1 月山东省各地一等麦价格

（二）加工企业收购情况

1. 面粉价格　从图 4-3 可以看出，山东省各地区特一粉价格差异不大，特二粉次之，特精粉价格差异最大。聊城、济宁、德州三地特精粉的均价为 3.56 元/kg；菏泽特精粉价格最低为 3.40 元/kg；临沂特精粉价格为 3.44 元/kg；潍坊特精粉价格为 3.48 元/kg。菏泽、临沂的特一粉价格最低为 3.36 元/kg；潍坊、济宁、德州的特一粉价格分别为 3.40 元/kg、3.42 元/kg、3.46 元/kg；其中，聊城特一粉监测均价最高为 3.48 元/kg。特二粉的最低监测均价出现

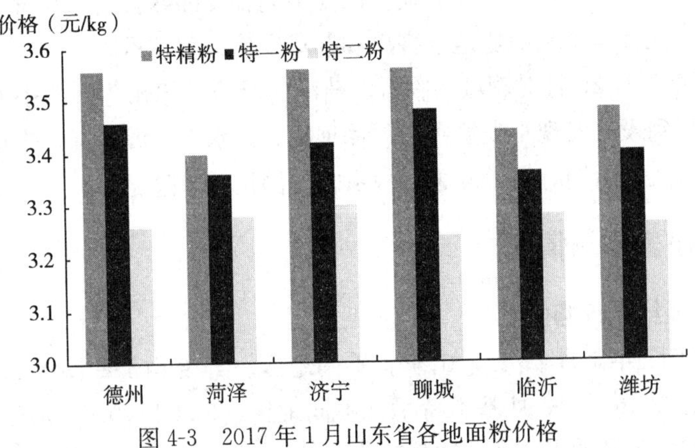

图 4-3　2017 年 1 月山东省各地面粉价格

在聊城，为 3.24 元/kg；德州、潍坊特二粉的监测均价为 3.26 元/kg；菏泽、临沂的监测均价为 3.28 元/kg；特二粉监测最高价格为济宁的 3.30 元/kg。

2. 麸皮价格　2017 年 1 月麸皮价格波动较小，每千克围绕 0.72kg 小幅震荡。1 月麸皮均价潍坊最低，价格为 1.40 元/kg；菏泽最高为 1.46 元/kg。德州、济宁均价为 1.40 元/kg，聊城均价为 1.44 元/kg（图 4-4）。

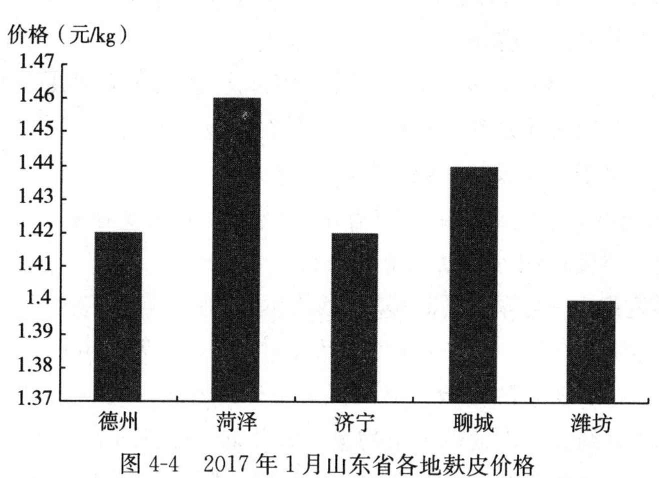

图 4-4　2017 年 1 月山东省各地麸皮价格

三、小麦市场动态分析

2017 年 1 月上旬小麦价格延续 2016 年 12 月的高位态势，下旬开始呈现小幅下跌，春节前小麦难有大涨行情，以稳为主要基调。春节前夕，大型小麦加工企业小麦收购量较 2016 年 12 月有所上升，小型粮食加工企业收购量非常少，几乎收不到粮食。2017 年小麦托市收购价格维持不变，有利于稳定小麦价格预期。后市如果没有自然灾害的情况下，预计小麦的丰收可能使得小麦继续走低；一直持续“麦强面弱”的情况，也有可能影响粮食加工企业小麦收购积极性，从而使得粮食价格走低。

四、建议

针对目前山东省小麦苗情特点，春季田间管理应立足于“控旺长，防春冻，早除草，巧施肥”的指导思想，突出分类管理，构建各类麦田的合理群体结构，搭好丰产架子。重点应抓好几个方面的技术措施：镇压划锄，保墒抗旱控旺长；适时进行化学除草，控制杂草危害；分类指导，科学施肥浇水。

1. 旺长麦田

（1）返青期至起身期镇压。

（2）小麦起身期前后喷施“壮丰安”“麦巨金”等化控剂。

（3）因苗确定春季追肥浇水时间。

2. 一类麦田 管理措施上，要突出氮肥后移。

3. 二类麦田 春季田间管理的重点是促进春季分蘖的发生，巩固冬前分蘖，提高冬春分蘖的成穗率。

4. 三类麦田 春季田间管理应以促为主。一般在早春表层土化冻 2cm 时开始划锄，拔节前力争划锄 2～3 遍，增温促早发。同时，在早春土壤化冻后及早追施氮素化肥和磷肥，促根增蘖保穗数。

5. 旱地麦田 旱地麦田由于没有水浇条件，应在早春土壤化冻后抓紧进行镇压划锄、顶凌耙耱等，以提墒、保墒。

6. 冻害麦田 一是早春适时搂麦或划锄，去除枯叶，改善麦田通风透光条件，促进新生叶加快生长。二是在土壤解冻后及时追肥，一般每亩施尿素 15kg 左右，缺磷地块亩施氮磷复合肥 20kg 左右，促进小分蘖成穗。三是在返青期叶面喷施植物细胞膜稳态剂、复硝酚钠等植物生长调节剂，促进分蘖的发生，提高分蘖成穗率。四是在拔节期再根据苗情酌情追施氮肥或氮磷复合肥，提高穗粒数。

7. 精准用药，绿色防控病虫害 返青拔节期是麦蜘蛛、地下害虫的危害盛期，也是纹枯病、茎基腐病、根腐病等根茎部病害的侵染扩展高峰期，要抓住这一多种病虫混合集中发生的关键时期，根据当地病虫发生情况，以主要病虫为目标，选用合适的杀虫剂与杀菌剂混用，一次施药兼治多种病虫。要精准用药，尽量做到绿色防控。

8. 密切关注天气变化，防止早春冻害 防止早春冻害最有效措施是密切关注天气变化，在降温之前灌水。有浇灌条件的地区，在寒潮来前浇水，可以调节近地面层小气候，对防御早春冻害有很好的效果。若早春一旦发生冻害，就要及时进行补救。主要补救措施：一是抓紧时间，追施肥料；二是及时适量浇水，促进小麦对氮素的吸收，平衡植株水分状况，使小麦分蘖尽快生长，增加有效分蘖数，弥补主茎损失；三是叶面喷施植物生长调节剂。积极关注小麦种植主体的技术需求，加强灾害的预防。

第二节 2017 年 2 月山东省小麦市场供需报告

2017 年 2 月小麦价格基本稳定（表 4-2、图 4-5）。

表 4-2　2016年2月至2017年2月山东省与国内小麦市场价格（元/kg）

时间		山东省价格	国内价格
2016年	2月	2.34	2.88
	3月	2.40	2.88
	4月	2.46	2.90
	5月	2.48	2.90
	6月	2.24	2.90
	7月	2.30	2.82
	8月	2.32	2.74
	9月	2.38	2.74
	10月	2.44	2.78
	11月	2.54	2.82
	12月	2.58	2.92
2017年	1月	2.60	2.98
	2月	2.58	3.00

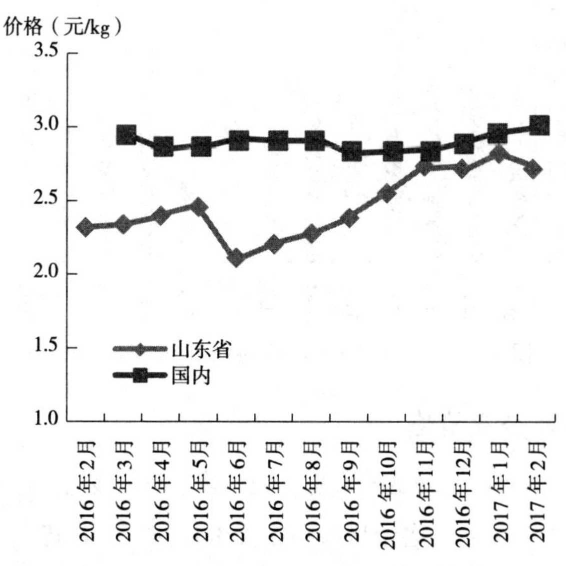

图 4-5　2016年2月至2017年2月小麦价格对比

注：山东省价格为重点调查县（市）经纪人平均价格；国内价格为广州黄埔港优质麦到港价。

2月上中旬，因节日气氛影响，小麦价格略低调，此后回弹，总体呈稳定态势。经纪人收购价为2.57～2.66元/kg，平均价格为2.58元/kg，环比下降0.77%，经纪人小麦收购价格变动区间缩小；面粉企业根据小麦质量定价，价格为 2.60～2.70 元/kg，平均价格为 2.64 元/kg，月均环比持平，同比上涨 9.1%。特精粉价格为 3.52 元/kg，环比持平，同比上涨 5.3%；特一粉价格为 3.42 元/kg，环比持平，同比上涨；特二粉价格为 3.26 元/kg，环比持平，同比上涨 5.5%。麸皮均价为 1.50 元/kg，环比上涨 4.17%，同比上涨 30.7%。

一、小麦市场情况

截至 2017 年 2 月 20 日，山东省不同地区的面企收购小麦均价如图 4-6。山东省面企小麦收购均价为 2.66 元/kg，各地小麦价格与 1 月基本持平，不同地区有 0.04 元/kg 左右的下调。小麦加工企业最低收购均价出现在临沂，为 2.60 元/kg；监测均价出现在济宁，为 2.62 元/kg；菏泽、淄博、济南、枣庄监测均价为 2.64 元/kg；滨州、德州、聊城监测均价为 2.66 元/kg；烟台、潍坊、青岛监测均价为 2.68 元/kg；最高监测均价东营为 2.72 元/kg。

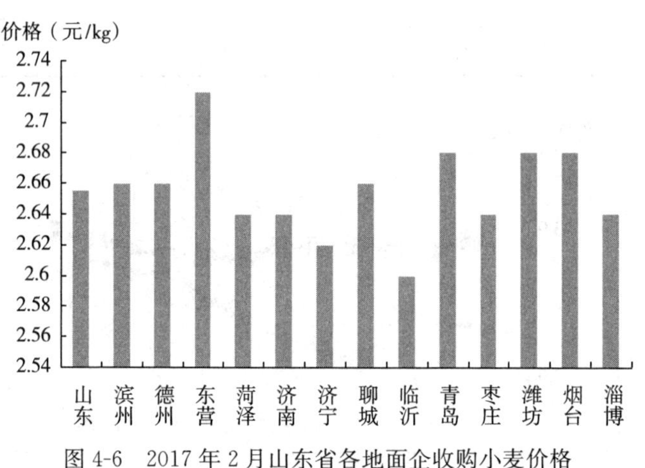

图 4-6　2017 年 2 月山东省各地面企收购小麦价格

二、面粉及麸皮价格

从图 4-7 可以看出，山东省特精粉、特一粉、特二粉均价分别为 3.47 元/kg、3.41 元/kg、2.78 元/kg。各地区特一粉价格差异不大，特二粉次之，特精粉价格差异最大。聊城特精粉监测均价最高，为 3.60 元/kg；滨州、潍坊次之，监测均价为 3.52 元/kg；德州监测均价为 3.48 元/kg；济宁监测均价为 3.48 元/kg；菏泽监测均价为 3.42 元/kg；特精粉最低价为 3.40 元/kg，出现在济南和临沂。特一粉监测最高价格出现在滨州，为 3.50 元/kg；次高价为聊城 3.44 元/kg，德州为 3.42 元/kg；济南和济宁监测均价为 3.40 元/kg；菏泽和潍坊的监测均价为 3.38 元/kg；特一粉监测最低价出现在临沂，为 3.38 元/kg。特二粉监测最高价出现在济宁为 3.32 元/kg；德州、菏泽、济南、临沂、潍坊的特二粉的监测价格为 3.28 元/kg；滨州特二粉的监测均价为 3.26 元/kg；聊城特二粉监测均价为 3.24 元/kg。

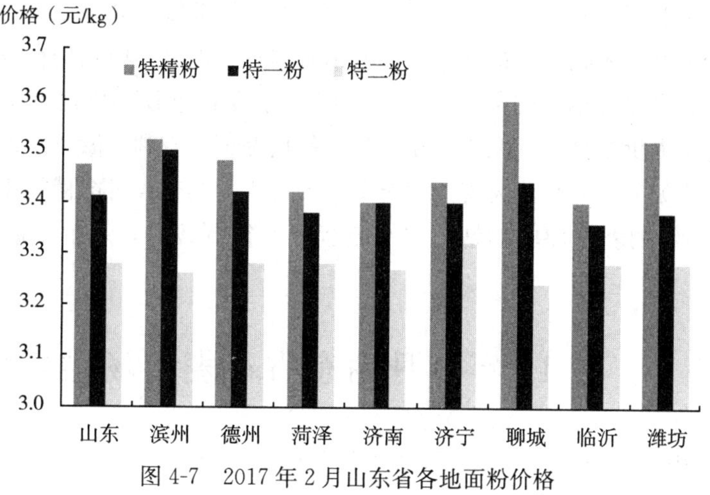

图 4-7　2017 年 2 月山东省各地面粉价格

2017 年 2 月麸皮价格波动较小，围绕 1.50 元/kg 小幅震荡。2 月上旬麸皮价格呈现上升趋势，最高监测价格为 1.60 元/kg，2 月下旬麸皮价格开始小幅下跌，最低价格在 1.40 元/kg。德州麸皮均价最低，价格为 1.44 元/kg；烟台、东营监测均价最高，为 1.56 元/kg；滨州、菏泽、聊城、潍坊麸皮的监测均价为 1.52 元/kg；济南麸皮监测均价为 1.48 元/kg；淄博、临沂、济宁麸皮监测均价为 1.46 元/kg（图 4-8）。

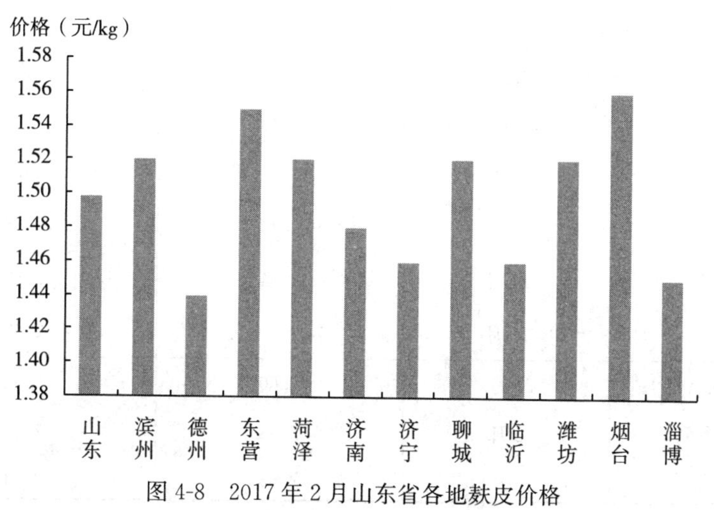

图 4-8　2017 年 2 月山东省各地麸皮价格

三、小麦市场动态分析

2017 年 2 月上旬小麦价格维持 1 月的回调态势，其中小麦加工企业的小麦收购价基本稳定，随市场需求做小幅下调；经纪人对小麦价格的反应灵敏性稍微弱于企业，不同地区呈现出整体小幅下调，局部维持高价。

市场上经纪人收购的粮食不多，购销基本趋于停滞，但是仍在进行。预计春播前是农民出售小麦的最后一波。2017 年小麦托市收购价格维持不变，有利于稳定小麦价格预期，在价格相对稳定的情况下，有利于激发小麦购销的活跃度。后市如果没有自然灾害的情况下，预计小麦的丰收可能使得小麦继续走低；1 月持续的麦强面弱的情况在一定程度上得到改善，缓解了制粉企业的压力。

第三节　2017 年 3 月山东省小麦市场供需报告

2017 年 3 月小麦价格上涨明显（表 4-3、图 4-9）。

表 4-3　2016 年 3 月至 2017 年 3 月山东省与国内小麦市场价格（元/kg）

时间		山东省价格	国内价格
2016 年	3 月	2.40	2.88
	4 月	2.46	2.90
	5 月	2.48	2.90
	6 月	2.24	2.90
	7 月	2.30	2.82
	8 月	2.32	2.74
	9 月	2.38	2.74
	10 月	2.44	2.78
	11 月	2.54	2.82
	12 月	2.60	2.92
2017 年	1 月	2.60	2.92
	2 月	2.58	3.00
	3 月	2.68	3.04

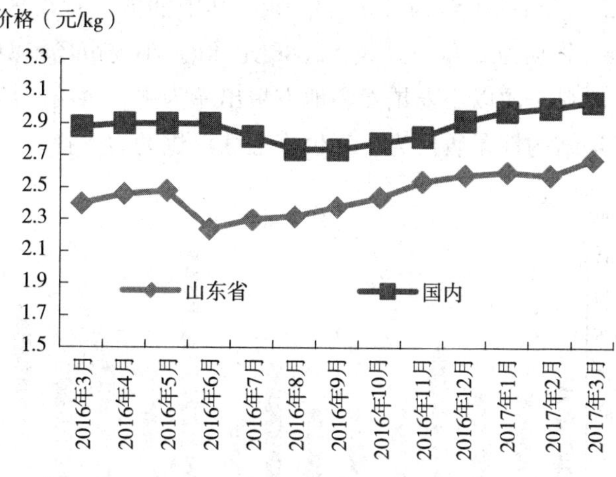

图 4-9　2016 年 3 月至 2017 年 3 月小麦价格对比

注：山东省价格为重点调查县（市）经纪人平均价格；国内价格为广州黄埔港优质麦到港价。

2017 年 3 月山东小麦市场价格上涨明显，经纪人收购价为 2.60～2.74 元/kg，平均收购价格为 2.68 元/kg，环比上涨 4%。面粉企业根据小麦质量定价，价格为 2.66～2.86 元/kg，平均价格为 2.70 元/kg，月均环比上涨 2%，同比上涨 11%。优质强筋麦“济南 17”收购价最高为 2.90 元/kg，环比上涨 4%。特精粉价格为 3.54 元/kg，环比上涨 2%，同比上涨 5%；特一粉价格为 3.46 元/kg，环比上涨 1%，同比上涨 4%；特二粉价格为 3.28 元/kg，与 2 月持平，同比上涨 6%。麸皮均价为 1.42 元/kg，环比下降 4%，同比上涨 69%。

一、小麦生产情况

据山东省气象中心 3 月上旬卫星遥感监测，山东省大部分农田墒情适宜，仅潍坊、青岛和东营等地出现约 11 万亩轻旱。3 月 25～28 日阴雨天，缓解了部分小麦旱情，总体上全省大部分麦田墒情适宜，对小麦生长有利。据山东省农业科学院农业监测预警团队小麦产业信息员反映，2017 年小麦长势良好，而且经田间考察，几乎没有发现小麦病虫害。

二、小麦市场情况

截至 2017 年 3 月底，山东省不同地区的面企收购均价见图 4-10。3 月小麦价格较 2 月有明显的增长，不同地区有 0.02～0.08 元/kg 的上调，监测均价为 2.70 元/kg。最低收购均价在临沂，为 2.64 元/kg；菏泽、泰安、济南、济宁、枣庄为 2.66 元/kg；滨州、德州均价为 2.68 元/kg；烟台、潍坊、聊城均价为 2.72 元/kg；东营为 2.74 元/kg。其中淄博、青岛地区监测均价超过 2.80 元/kg，分别为 2.80 元/kg、2.86 元/kg。小麦市场粮源逐步减少，面粉加工企业的原料来源以小麦拍卖和地方粮出库为主，供给与需求之间的不匹配加剧小麦市场结构性矛盾，为小麦价格上涨提供动力支撑。

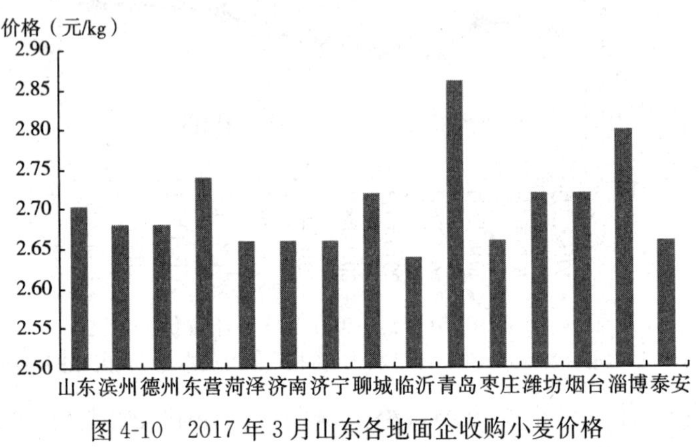

图 4-10　2017 年 3 月山东各地面企收购小麦价格

三、面粉及麸皮价格

从图 4-11 可以看出，山东省 2017 年 3 月特精粉价格为 3.54 元/kg，特一粉为 3.46 元/kg，环比上涨 1.4%；特二粉为 3.28 元/kg，与 2 月持平。青岛特精粉监测均价最高，为 3.64 元/kg；淄博、潍坊、德州次之，均价为 3.56 元/kg；聊城、东营均价为3.52 元/kg；枣庄均价为 3.48 元/kg；菏泽最低为 3.44 元/kg。特一粉监测最高价格出现在滨州和德州，为 3.56 元/kg；次高价为烟台 3.54 元/kg，青岛为 3.52 元/kg；聊城和滨州监测均价为 3.50 元/kg；东营的监测均价为

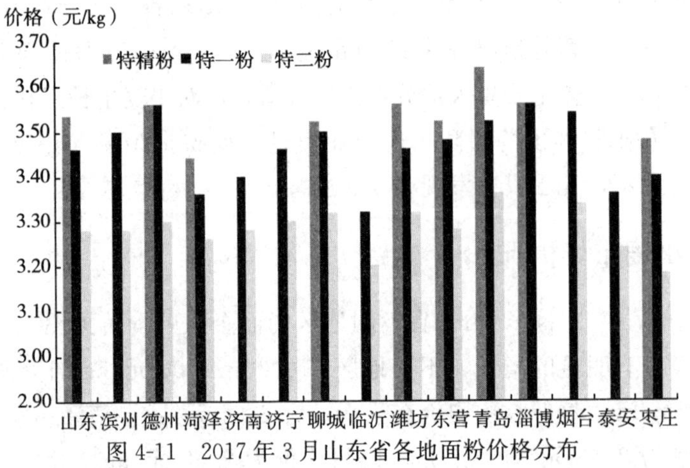

图 4-11　2017 年 3 月山东省各地面粉价格分布

3.48 元/kg；济宁和潍坊均价为 3.46 元/kg；枣庄均价为 3.40 元/kg；菏泽和泰安为 3.36 元/kg；最低监测价格出现在临沂 3.32 元/kg。

特二粉监测最高价出现在青岛为 3.36 元/kg；次低价出现在烟台为 3.34 元/kg；东营和聊城的监测均价为 3.32 元/kg；德州和济宁的监测均价为 3.30 元/kg；东营、滨州、济南特二粉的监测价格为 3.28 元/kg；菏泽特二粉的监测均价为 3.26 元/kg；泰安特二粉监测均价为 3.24 元/kg；枣庄特二粉监测均价最低为 3.18 元/kg。

2017 年 3 月麸皮价格波动较小，围绕 1.42 元/kg 小幅震荡。3 月上旬麸皮价格比较稳定，最高监测价格为 1.50 元/kg，3 月下旬麸皮价格依旧延续 2 月稳定态势，最低价格在 1.38 元/kg。3 月各地区麸皮价格差异不大，其中淄博、德州、滨州、临沂均价为 1.40 元/kg；聊城、青岛、枣庄、东营均价为 1.42 元/kg；济宁、菏泽、泰安麸皮的均价为 1.44 元/kg；潍坊、烟台麸皮监测均价最高，为 1.46 元/kg（图 4-12）。

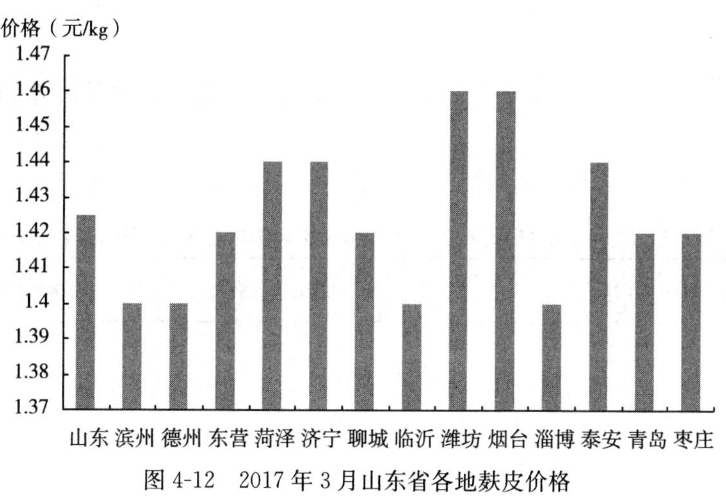

图 4-12　2017 年 3 月山东省各地麸皮价格

四、小麦市场动态分析

2017 年 3 月，山东省小麦价格已经触及几年的高点，其中加工企业的小麦收购价有明显的上调；本月经纪人对小麦价格的反应灵敏性提高，优质强筋麦“济南 17”上涨明显，部分地区价格触及 2.90 元/kg。市场上经纪人收购的粮食不多，购销趋于停滞，基本上处于有价无量的状态。不过，企业因考虑质量、价格等问题，对市场小麦存在刚性需求，支撑小麦价格的高位窄幅上行。小麦拍卖的成交量不断增加，投放量却分布不均，造成了区域性供给紧张。但随着后期供应增加，麦价可能受到影响。综合市场来看，预计短期内麦价仍以坚挺为主，待新粮上市后麦价将明显下滑。

在新麦上市之前，小麦价格或难回落，国内麦市供应紧张的局面恐怕难以缓解，各地储备小麦轮换出库虽有助于缓解市场的供需矛盾，但其数量相对有限，对市场的影响多表现为阶段性供给，很难承担起市场供应主力军的角色。由于加工企业成本因素，企业调低开工率（45%～60%），加之 2015 年国储麦全部进入市场，补充了市场粮源，小麦价格不太可能大幅上涨。2017 年小麦托市收购价格维持不变，有利于稳定小麦价格预期，在价格相对稳定的情况下，有利于激发小麦购销的活跃度。后市如果没有自然灾害的情况下，预计小麦的丰收可能使得小麦继续走低；由于 3 月面粉加工企业调低开工率，所以走货顺畅，面粉价格有小幅上扬。后期需持续关注小麦长势和天气变化，做好相关小麦灾害的防御工作；建议粮食加工企业积极关注小麦价格变化趋势以及面粉和麸皮的市场需求变化，增强生产的灵活性，降低生产成本，合理安排库存。

第四节　2017 年 4 月山东省小麦市场供需报告

2017 年 4 月小麦价格运行平稳（表 4-4、图 4-13）。

表 4-4　2016 年 4 月至 2017 年 4 月山东省与国内小麦市场价格（元/kg）

时间		山东省价格	国内价格
2016 年	4 月	2.46	2.90
	5 月	2.48	2.90
	6 月	2.24	2.90
	7 月	2.30	2.82
	8 月	2.32	2.74
	9 月	2.38	2.74
	10 月	2.44	2.78
	11 月	2.54	2.82
	12 月	2.60	2.92
2017 年	1 月	2.60	2.92
	2 月	2.58	3.00
	3 月	2.68	3.04
	4 月	2.70	3.08

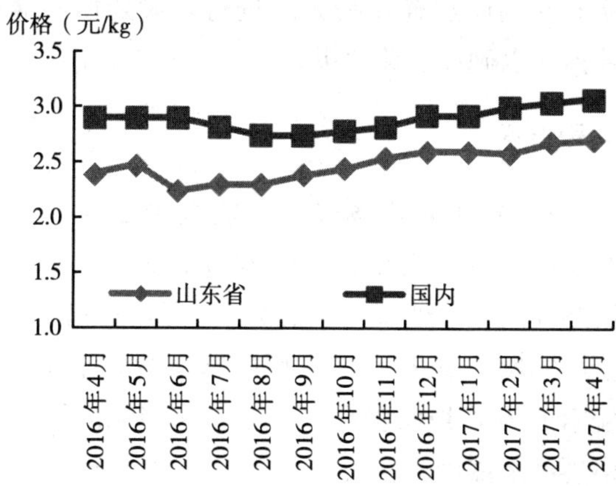

图 4-13　2016 年 4 月至 2017 年 4 月小麦价格对比

注：山东省价格为重点调查县（市）经纪人平均价格；国内价格为广州黄埔港优质麦到港价。

2017 年 4 月山东省小麦市场价格运行基本平稳，优麦价格坚挺，部分地区 4 月中旬之后麦价略有下滑。山东小麦市场经纪人收购价 2.64～2.72 元/kg，均价 2.70 元/kg，环比涨 0.75%；面粉企业收购价 2.68～2.76 元/kg。特精粉价格 3.38～3.68 元/kg，平均价格为 3.52 元/kg；特一粉价格 3.32～3.52 元/kg，均价为 3.44 元/kg；特二粉平均价格为 3.24 元/kg。麸皮价格 1.42～1.52 元/kg，均价为 1.44 元/kg，麸皮价格延续弱势平稳状态。

一、小麦生产情况

2017 年 3 月底至 4 月中旬，山东省有 3 次降水过程，平均降水量 13.7mm。据 26 个县（市、区）农田土壤墒情监测结果统计，全省麦田大部分墒情适宜，其中胶东地区小麦旱地墒情不足。另据山东省气象中心根据 4 月 10 日卫星遥感监测，烟台、潍坊等地约 1.33 万 hm^2农田出现轻旱。

山东省于 2017 年 5 月 1 日发布农业气象灾害预警，受外来菌源、天气等因素影响，2017 年小麦条锈病在山东见病早、扩展快，在鲁西南及鲁中、鲁南局部地区扩散流行。

截至 2017 年 4 月 28 日，菏泽鄄城县通过普查发现，小麦条锈病已普遍发生，且成流行态势。4 月 30 日调查，病田率达到 100%，一般病叶率 1%左右，部分地块达到 10%以上，全县见病面积达到 5.33 万 hm^2，是 20 年发生最严重、最普遍的一年。

山东条锈病北移东扩，对山东省小麦安全构成严重威胁。相关部门应加强条锈病监测，努力控制蔓延速度，减轻为害程度，防止大面积扩散流行。同时注意天气变化，喷洒农药应选择在晴天时进行，喷药后若遇中雨以上降水天气，雨后要及时补治，以确保防治效果。

二、小麦市场情况

2017 年 4 月，山东省小麦市场经纪人收购价 2.64～2.72 元/kg，均价 2.70 元/kg，环比涨 0.75%；面粉企业收购价 2.68～2.76 元/kg。监测的聊城和青岛小麦价格略高于其他地区，4 月最后一周，青岛平度地区小麦价格小幅下滑，价格较上周同期下滑 20 元/t。后期国家高质量小麦粮源投放将陆续增加，市场供需偏紧的矛盾趋向缓和，加之 2017 年新季小麦增产预期较强，估计后市小麦价格再度上涨困难较大（图 4-14）。

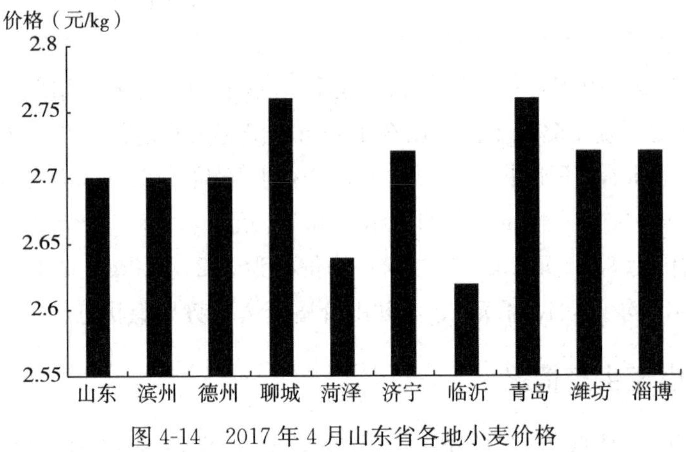

图 4-14　2017 年 4 月山东省各地小麦价格

三、面粉及麸皮价格

2017 年 4 月山东省小麦特精粉价格 3.38～3.68 元/kg，平均价格为 3.52 元/kg；特一粉价格 3.32～3.52 元/kg，均价为 3.44 元/kg；特二粉平均价格为 3.24 元/kg。青岛地区特精粉和特一粉价格高于省内其他地区。由于气温不断回升，部分企业面粉销售不畅，工厂出货量不佳，加之几年来面粉行情并不乐观，整体产能过剩问题依旧较为突出，导致市场竞争压力与日俱增，部分企业小幅下调面粉价格，面粉价格保持稳中趋弱运行（图 4-15）。

2017 年 4 月山东省麸皮价格 1.42～1.52 元/kg，均价为 1.44 元/kg，麸皮价格延续弱势平稳状态，由于生猪价格走弱，养殖户补栏积极性不高，再加上受禽流感影响，肉禽消费下降，对麸皮需求减弱，因此，大多数地区麸皮价格仍以底部运行状态为主。

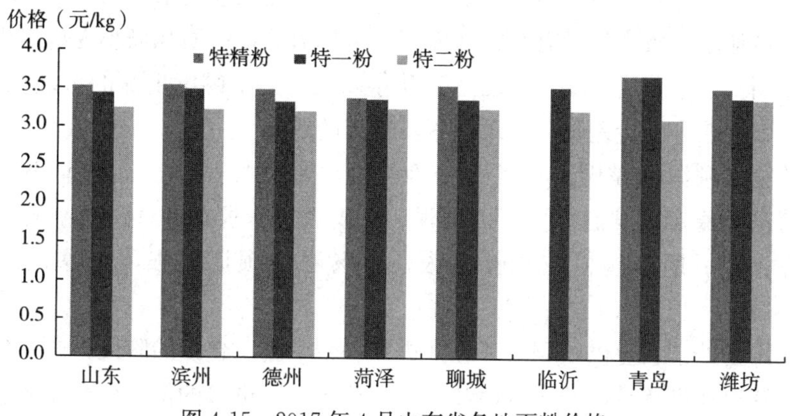

图 4-15　2017 年 4 月山东省各地面粉价格

随着气温不断提升，华北地区气温提升尤为明显，较高的气温使得麸皮的存储条件变得较为苛刻，在前期有一定库存的贸易企业，在不利于麸皮存储的前提下，开始加快麸皮的出货速度，进而形成一个短期“买方市场”状态，使得价格举步维艰，难以上行。待多数贸易企业在处理完前期的积压库存、市场整体供需秩序恢复之后，其价格将恢复到原有状态，价格终将有所体现。面粉麸皮均显弱势，制粉利润出现下滑（图 4-16）。

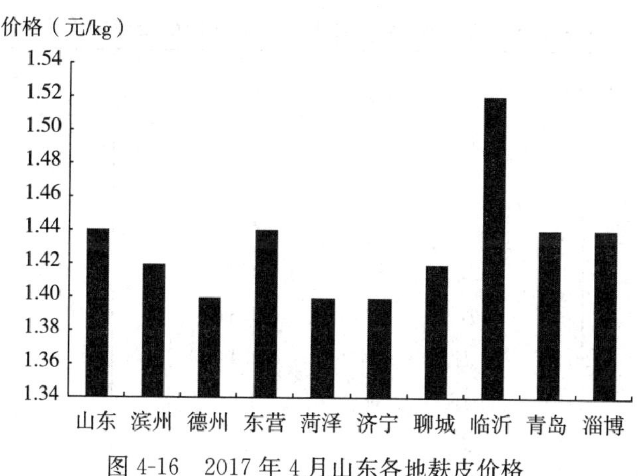

图 4-16　2017 年 4 月山东各地麸皮价格

四、小麦市场动态分析

市场符合制粉标准的小麦已经严重短缺，从近期小麦市场来看，制粉企业小麦采购基本以小麦拍卖及各级小麦轮换出库为主，并且从近期拍卖和国储轮换出库的进厂价来看，基本与市场小麦价格持平，预示着价格顶点已经到达，后期继续上涨空间不足。由于当前市场上强筋小麦供应有限，而市场需求呈现刚性，再加之优质小麦没有政策性库存，市场对后期优质强筋小麦价格仍多持看涨预期。鉴于普通小麦价格已达到几年高位，后期继续上涨的可能性减弱，预计后市优普小麦价差仍将呈现进一步扩大的趋势。

政策性粮源也提供了小麦市场价格的底部支撑，新麦上市前小麦价格将保持高位稳定的状态。由于国内强筋小麦供小于求，并且强筋小麦没有政策性库存，后期市场供应总体有限，市场看涨预期较强，支撑强筋小麦价格。

我国正处于农业供给侧改革和推进“一带一路”建设的阶段，未来如果俄罗斯能够保证供货品质的稳定性和供应的持续性，进口的俄罗斯春小麦也将成为我国北方地区优质高筋小麦原料的有益补充，进一步丰富我国小麦市场优质品种的供给，既有利于提高我国粮食产品的供给质量，满足国内人民的需求，同时也有利于推进国家“一带一路”建设。

第五节　2017 年 5 月山东省小麦市场供需报告

2017 年 5 月山东省小麦价格下滑（表 4-5、图 4-17）。

表 4-5　2016 年 5 月至 2017 年 5 月山东省与国内小麦市场价格（元/kg）

时间		山东省	国内价格
2016 年	5 月	2.48	2.90
	6 月	2.24	2.90
	7 月	2.30	2.82
	8 月	2.32	2.74
	9 月	2.38	2.74
	10 月	2.44	2.78
	11 月	2.54	2.82
	12 月	2.60	2.92
2017 年	1 月	2.60	2.92
	2 月	2.58	3.00
	3 月	2.68	3.04
	4 月	2.70	3.08
	5 月	2.66	3.12

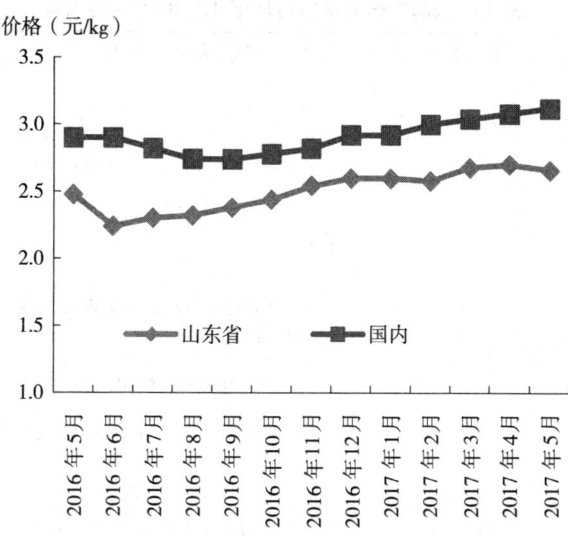

图 4-17 2016 年 5 月至 2017 年 5 月小麦价格对比

注：山东省价格为重点调查县（市）经纪人平均价格。国内价格为广州黄埔港优质麦到港价。

2017 年 5 月山东小麦条锈病大面积发生，特点是发生早、扩散快，蔓延迅速，并呈多发重发趋势，为历史同期罕见。5 月上中旬，经纪人收购价 2.58～2.76 元/kg，均价 2.66 元/kg，环比下降 1.48%；5 月下旬以后，因南方新小麦陆续收获，新小麦到厂价 2.36 元/kg，经纪人收购陈小麦价格 2.40 元/kg；麸皮均价为 1.54 元/kg，延续弱势状态。

一、山东省小麦产量预测

随着夏季气温的不断升高，山东省小麦即将大面积成熟。全省范围内大规模麦收工作在 6 月展开。全省小麦约 380 万 hm^2，按照近 5 年小麦平均亩产 401.7kg 计算，2017 年可收获 22.90 亿 kg。从山东全省来看，2017 年小麦表现为亩穗数、穗粒数增加，千粒重减少的“两增一减”趋势。在抽穗期间，气候条件有利，使得亩穗数和穗粒数都有所增加，千粒重因灌浆时间缩短而略有下降。

二、小麦病虫害

（一）条锈病防治

2017 年山东省小麦条锈病为历史同期罕见发生，呈多发、重发趋势。鲁西南、鲁中、鲁南普遍发生，多处扩散流行，鲁西北、鲁北点片发生（表 4-6）。

表 4-6　2017 年山东省各地区小麦发生病害情况

发病区域	菏泽、济宁、泰安、枣庄、济南、聊城、临沂、德州、莱芜、淄博、东营、日照、滨州、潍坊 14 市 78 县（市、区）	
	发病面积（万亩）	发病情况
菏泽	873	病田率 100%，严重地块病叶率为 14%～35%
聊城	475	一般病株率为 0.1%～0.5%
济宁	465	
临沂	108	平邑县、费县、郯城县发生严重，最高病叶率达 41.7%
济南	251	商河县最重，病田率 100%
泰安	198.5	病田率 74%，平均病叶率 0.2%，最高病叶率 5%
枣庄	29.2	
滨州	17.1	病田率 4.5%

面对小麦条锈病的严峻形势，山东省委、省政府高度重视小麦条锈病防控工作，各级政府已整合投入各类救灾资金8 000多万元，其中包括中央小麦病虫疫情救灾资金3 750万元。

（二）降水、大风导致小麦倒伏

2017 年 5 月 22～23 日，山东省多地先后遭受了短时强降水和冰雹、大风等强对流天气，阵风最大可达 8～9 级，引发风雹灾害。东营市广饶县杨光涛表示，小麦倒伏很厉害，严重的减产一半以上。淄博市临淄区约 0.55 万 hm^2 小麦倒伏。据山东省民政厅统计，截至 2017 年 5 月 24 日 12 时，山东省受灾人口 54.7 万人；农作物受灾面积 0.74 万 hm^2，成灾面积 6.32 万 hm^2，绝收面积 0.09 万 hm^2；直接经济损失 3.17 亿元，其中农业损失 3.15 亿元。

三、小麦市场情况

（一）小麦价格

5 月上中旬，山东省小麦市场经纪人收购价 2.58～2.76 元/kg，均价 2.66 元/kg，环比下降 1.48%。5 月下旬以后，南方新小麦陆续收获，新小麦进入山东地区到厂价 2.36 元/kg，经纪人收购陈小麦价格 2.40 元/kg。

（二）小麦麸皮价格

2017 年 5 月山东省麸皮价格 1.40～1.48 元/kg，均价为 1.44 元/kg，麸皮价格延续弱势，与 4 月均价持平，价格区间略有下调。临沂、青岛、滨州地区麸皮价格最高，东营地区价格最低。加工企业基本是新陈小麦混合加工，各占50%左右。

四、小麦市场动态分析

5月正是夏粮收购前的短暂空档期，粮食购销、加工企业的关注点转向当年夏粮收购，忙于准备充足的库容及收购资金备战抢收，以随购随销方式维持日常消耗，无意大量囤货，致使市场上小麦流通迟缓低迷。

国内陈麦的市场需求在降低，制粉企业等待新麦使用的计划非常明显。2017年新季小麦尽管主产区部分地区遇到病虫害侵袭，但生产形势整体较好，新季小麦产量和质量也好于上年。

第六节　2017年6月山东省小麦市场供需报告

2017年6月新麦价格较去年同期高开（表4-7、图4-18）。

表4-7　2016年6月至2017年6月山东省与国内小麦市场价格（元/kg）

时间		山东省价格	国内价格
2016年	6月	2.24	2.90
	7月	2.30	2.82
	8月	2.32	2.74
	9月	2.38	2.74
	10月	2.44	2.78
	11月	2.54	2.82
	12月	2.60	2.92
2017年	1月	2.60	2.92
	2月	2.58	3.00
	3月	2.68	3.04
	4月	2.70	3.08
	5月	2.66	3.12
	6月	2.32	2.36

2017年6月山东省新麦种植面积增加、产量增加、品质好。开秤价格2.24～2.36元/kg；市场收购主体活跃；收购进度较去年同期快，麦收期间降水未对品质有大影响。

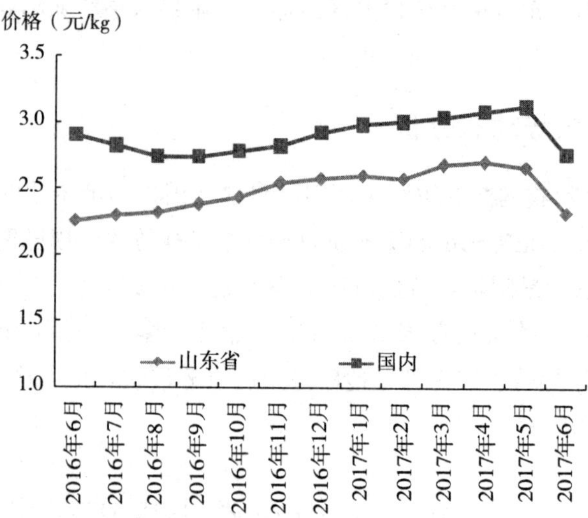

图 4-18　2016 年 6 月至 2017 年 6 月小麦价格对比

注：山东省价格为重点调查县（市）经纪人平均价格；国内价格为广州黄埔港优质麦到港价。

一、山东省新麦呈“两增一好”局面

种植面积增加。据国家统计局山东调查总队统计，2017 年山东省小麦播种面积 384.29 万 hm^2，比上年增加 1.26 万 hm^2，增幅 0.33%。

产量增加。从产量构成三因素看，2017 年山东省平均亩穗数 41.12 万穗，比上年增加 1.52 万穗；穗粒数 33.13 粒，比上年减少 0.4 粒；小麦千粒重 41.16g，比上年降低 1.1g。小麦亩均产 407.78kg，比上年减少 0.3kg，减少 0.08%；全省总产 235.06 亿 kg，比上年增加 0.6 亿 kg，增幅 0.26%。

多数地区新麦品质好于上年，虽前期条锈病较往年严重，但防控及时，并未对小麦品质造成太大影响，小麦容重大部分在 760～800g/L。其中，菏泽市二等以上小麦占 90%、三等及以下小麦占 10%，而 2016 年二等以上麦占 70%。德州市实打实收调查发现，一等麦占调查面积的 12%，二等麦占 47%，三等麦占 39%，容重最高 805g/L。

二、2017 年 6 月山东省新普麦收购特点

（1）开秤价同比上涨。新普麦开秤价 2.24～2.36 元/kg。

（2）订单收购价格高。种植大户与当地种子公司签订收购合同繁育种子，收购均价比市场价高 0.2～0.4 元/kg，截至 2017 年 6 月 21 日，郓城地区收购价达到 2.64～2.70 元/kg。

（3）经纪人、面粉加工企业入市收购活跃。经纪人收购小麦混收混卖，未细分等级，对质量要求较低，水分超过 14%按超一个百分点扣 500g 折算价格，收购价格 2.30～2.40 元/kg，收购量按仓容和麦源来定，目前大多数经纪人仓容已满。据调查，潍坊经纪人封金刚，6 月 16 日前后每天收购 80t，容重 750g/L 以上，收购价 2.4 元/kg，已累积收购 700t，计划收购 900t。德州经纪人王洪君，收购价格 2.32～2.36 元/kg，7d 收购 175 万 kg，已接近尾声。菏泽经纪人肖宪斌，收购新麦价 2.30～2.32 元/kg，仓容已满。

随着新麦大量上市，面企积极收购，过筛去杂新普麦价 2.28～2.46 元/kg，对收购品质划分等级，要求较严。厂家原粮短缺问题基本解决，因受需求影响，开机率 50%左右。潍坊面企的李然坤 6 月 5～15 日收购新麦价 2.40～2.46 元/kg，容重 750g/L 以上，日加工量 300t。优质麦收购价2.64～2.66 元/kg，每年收购优质麦 1 万～2 万 t。德州面企的张德霞，从粮贩处收购 2.24～2.32 元/kg，收购量 700t/d；从粮库收购 2.30 元/kg，收购量 300t/d。郓城面企的常海莲，6 月 5 日开始收当地小麦，水分 14%以内不扣杂，价格为 2.32～2.34 元/kg，收购量 30 万～45 万 kg/d。6 月面企因受麦源及仓容影响，日收购量减少幅度较大。饲料企业因需求量低，且受养殖业影响，2017 年未收购小麦。各地粮库收购新普麦均价 2.36～2.44 元/kg。

（4）2017 年比 2016 年同期小麦收购进度快。原因一是麦收提前，无储存条件农户地头出售；二是收获机械到位及时；三是收获期间天气总体良好。据山东省粮食局统计，截至 6 月 15 日，山东收购夏粮 124 万 t，同比增加 50 万 t。其中，6 月 20 日菏泽累计收购 27.9 万 t，同比增加 17.5 万 t，国有粮企收购 12 万 t，同比增加 9.6 万 t，民营粮企收 15.9 万 t，同比增加 7.9 万 t。威海收购小麦10 870t，地方国有粮食部门收购9 498t。青岛累计收购 13.3 万 t，国有粮企收购 5.9 万 t，比 2016 年同期多 2.7 万 t。

三、麦收期间降水未对产量造成大影响

受小麦生长期间气候干旱、温度偏高等因素影响，2017 年山东省小麦上市时间较往年提前 1 周左右。6 月 5～16 日麦收期间，山东省降水量较常年偏少，保证了小麦的收获品质。受麦收初期的降水及收购机械提前到位等影响，局部地区麦收提前，造成部分小麦水分含量偏高，新麦水分多在 14%～18%。聊城莘县农户王纪广，因担心下雨提前收获，水分达 34%，出售价仅 1.96 元/kg。总体上，降水并未对全省麦收及品质造成太大影响。

四、小麦市场动态分析

新麦刚刚收获，市场货源充裕，价格虽高开，但走势平稳上行，新普麦与优质麦价差缩减。近期不会出现竞争收购现象，预计后市麦价坚挺，但预期不会出现大幅上涨。

五、建议

（1）进一步简化托市收购审批程序，缩短审批时限，并实行差异化保护价收购。

（2）分区域适时早启动托市收购。新粮上市后，如托市收购《预案》不及时启动，一是造成农户把粮食卖给收粮点，农民利益得不到真正保护；二是造成粮源低价外流、农民种粮收益受损；三是经纪人和加工企业因资金、仓容限制等原因，收购量有限，为保证农户手中粮食品质，建议国有粮食收储企业要适时开仓收购，维护粮食市场的稳定。

第七节　2017 年 7 月山东省小麦市场供需报告

2017 年 7 月山东省小麦价格接近最低收购价，市场购销形势平稳（表 4-8、图 4-19）。

表 4-8　2016 年 7 月至 2017 年 7 月山东省与国内小麦市场价格（元/kg）

时间		山东省价格	国内价格
2016 年	7 月	2.30	2.82
	8 月	2.32	2.74
	9 月	2.38	2.74
	10 月	2.44	2.78
	11 月	2.54	2.82
	12 月	2.60	2.92
2017 年	1 月	2.60	2.92
	2 月	2.58	3.00
	3 月	2.68	3.04
	4 月	2.70	3.08
	5 月	2.66	3.12
	6 月	2.32	2.76
	7 月	2.36	2.72

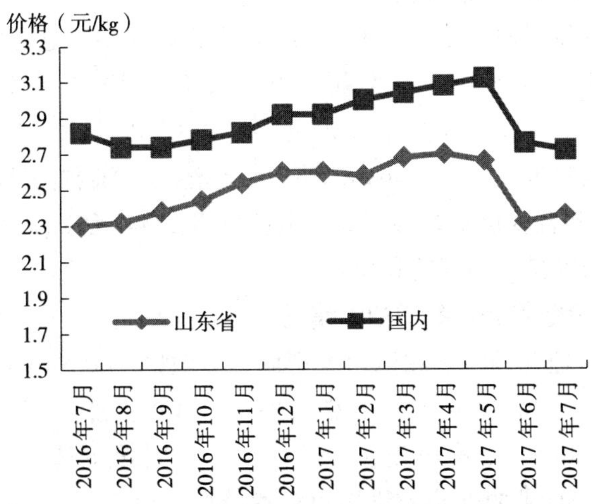

图 4-19　2016 年 7 月至 2017 年 7 月小麦价格对比

注：山东省价格为重点调查县（市）经纪人平均价格；国内价格为广州黄埔港优质麦到港价。

2017 年 7 月山东省小麦价格运行平稳，经纪人收购价 2.30～2.38 元/kg；面企收购普麦价 2.36～2.46 元/kg，优质麦 2.64 元/kg；麸皮价格坚挺。预期后期麦价受最低收购价支撑，短期内以稳为主。

一、小麦生产情况

2017 年，山东省小麦克服条锈病、干旱、风雹、干热风等诸多不利因素影响，夏粮生产再获丰收。小麦每亩单产 407.31kg，比上年减少 1.54kg，降幅 0.19%；总产 234.93 亿 kg，比上年增加 0.471 亿 kg，增幅 0.2%。

二、小麦市场情况

截至 2017 年 7 月 11 日，山东枣庄、济宁、菏泽、临沂、滨州 5 市先后启动小麦最低收购价执行预案。因新小麦价格基本趋稳于最低收购价，市场未因执行最低收购价预案而产生大的波动，整体购销平稳。国有粮食企业收购均价 2.36 元/kg，同比上涨 2.1%，环比上涨 0.85%；个体粮商收购均价 2.32 元/kg，同比上涨 2.55%，环比上涨 1.29%。

（一）农户小麦销售情况

据产业信息员反馈，农户小麦销售呈两极分化，一部分农户麦收时在地头直接出售；一部分农户则待价惜售，持观望态度，主要原因是麦收前价格较高，同时有国家最低保护价支撑，对后期麦价有上涨预期。

（二）小麦经纪人购销情况

据产业信息员反馈，截至 2017 年 7 月 21 日，小型经纪人因受当地农户惜售影响，日收购量逐日减少，见利即售。如菏泽经纪人肖宪斌，日收购量 10t，日销售量 50t，收购普麦价 2.30 元/kg，小麦水分 12.5%，容重 760g/L 以上，销售给粮库价 2.43 元/kg。德州大型经纪人王洪君，日收购量 50t，日销售量 50t，收购普麦价 2.36 元/kg，出售价格 2.44 元/kg，因受仓容和资金影响，目前进出等量，以锁定利润。

（三）面粉企业收购及参加拍卖情况

2017 年 7 月监测的潍坊和德州大型面企日收购小麦 440t，收购小麦价格稳定在 2.38～2.46 元/kg，同比上涨 4.27%，环比上涨 3.39%。菏泽小型面企日收购小麦 260t，收购小麦价 2.36 元/kg，同比上涨 4.2%，环比上涨 3.1%。潍坊风筝面业收购小麦价格为全省最高，达 2.52 元/kg，主要原因是当地小麦减产，前期“抢粮、屯粮”现象突出，拉高了市场价格快速上涨。当下相对稳定的市场形势下，建议面粉企业广积粮、积好粮。7 月因需求减少，面企开工率继续下调，大型面企开工率 70%～80%，环比降低 12.5%。麸皮量减少，在需求支撑下表现强势，均价 1.50 元/kg，环比上涨 4.17%。监测的企业特一粉出厂均价 3.04 元/kg，环比下降 4.43%；特精粉 3.2 元/kg，环比下降 5.56%；雪花粉 3.44 元/kg，环比降低 4.82%。

（四）山东省新麦收购特点

截至 2017 年 7 月 16 日，山东省收购新麦 577 万 t，同比增加 51 万 t。其中，青岛市收购夏粮 30.2 万 t，国有粮食企业收购 9.7 万 t，非国有粮食企业收购 20.4 万 t。截至 2017 年 7 月 20 日，滨州收购小麦 26.5 万 t，同比增加 6 228t，其中，国有企业储备粮轮换收购 4.4 万 t，同比增加2 568t，非国有企业市场化收购 21.9 万 t，同比增加 7.2 万 t。潍坊市收购 51.5 万 t，其中国有粮食企业收购 18.53 万 t，占总收购量的 39.95%，非国有粮食企业收购 32.97 万 t，占总量的 60.05%。

进入 2017 年 7 月以来，各级储备企业轮换收购任务基本完成；面粉厂经过前期的收购有了一定的自有库存，经纪人也因仓容和资金限制，随进随出。两类收购主体改变对于新麦的采购策略，从之前的积极采购转变为相对保守的采购策略，以预防麦收进度放缓可能带来的价格风险。市场总体收购进度放缓。

三、小麦市场动态分析

受托市收购的影响，小麦市场价格受到明显的支撑，山东普通小麦短期内麦价将以稳为主；对于普通小麦的后市价格走势，主要看 2017 年托市小麦的收购量。如托市收购量大，市场粮源少，加之需求旺季来临，麦价有可能上涨。优质小麦主要由市场调节，后市优质小麦价格或有一定的补涨空间。

四、建议

新麦上市以来，由于受陈麦价格高的影响，各面企、粮商、粮贩等收购主体积极入市抢购，非国有市场收购主体收购量大增。加之 2017 年山东托市收购启动时间晚和范围小，农户存有惜售心理，大部分余粮存在农户和经纪人手中，后期需重点关注非国有粮企的储粮条件，保证粮食不发霉变质，应扩大托市收购范围，以保证粮食安全。

另外，因粮食经纪人是直接面对粮食生产者的交易发生人，其队伍庞大、素质不一、管理松散等问题，后期需关注抬高价格、扰乱市场等行为。

第八节　2017 年 8 月山东省小麦市场供需报告

2017 年 8 月山东省小麦市场购销平稳，价格稳中略升（表 4-9、图 4-20）。

表 4-9　2016 年 8 月至 2017 年 8 月山东省与国内小麦市场价格（元/kg）

时间		山东省价格	国内价格
2016 年	8 月	2.32	2.74
	9 月	2.38	2.74
	10 月	2.44	2.78
	11 月	2.54	2.82
	12 月	2.60	2.92
2017 年	1 月	2.60	2.92
	2 月	2.58	3.00
	3 月	2.68	3.04
	4 月	2.70	3.08
	5 月	2.66	3.12
	6 月	2.32	2.76
	7 月	2.36	2.72
	8 月	2.38	2.74

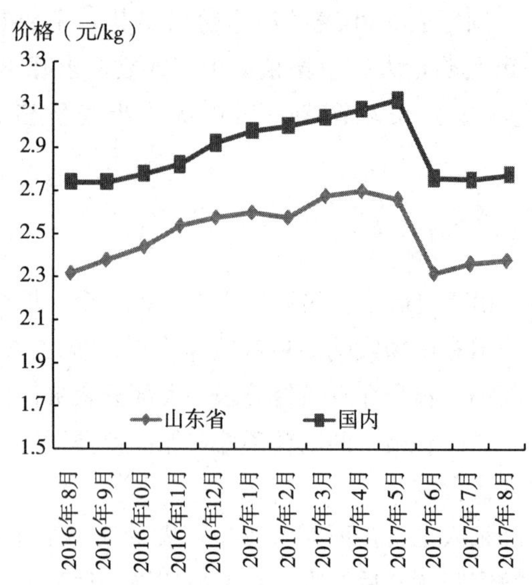

图 4-20　2016 年 8 月至 2017 年 8 月小麦价格对比

注：山东省价格为重点调查县（市）经纪人平均价格；国内价格为广州黄埔港优质麦到港价。

2017 年 8 月山东省麦价稳中略升，在开学季等因素影响下，面粉消费量增加，带动小麦的整体需求量增长，故价格小幅上涨。面粉企业调高开工率和面粉价格，麸皮价格下滑。托市收购结束前，小麦价格存在稳中继续上行的可能。

一、小麦市场情况

截至 2017 年 8 月 4 日，山东省已有枣庄、济宁、菏泽、临沂、滨州、东营、泰安、德州、聊城 9 市启动小麦最低收购价执行预案。8 月小麦市场受托市价支撑，整体购销平稳，在开学季等带动面粉终端加工产品消费量增加的同时，多数地区小麦的整体需求量也因此被带动出现一定程度的增长，价格小幅上涨。

（一）农户小麦销售情况

据信息员反馈，农户的销售习惯是麦收时不卖，就不急于出售，等待价格上涨到预期再出手，这部分农户占五成左右。

（二）小麦经纪人购销情况

经纪人收购小麦每千克 2.38 元，环比上涨 0.84%，同比上涨 2.59%。日收购量明显减少，一是农户惜售；二是大部分粮贩仓容已满，随收随卖。经纪人收购小麦大都卖给本地面粉厂，少数卖到外省面粉厂。菏泽经纪人朱文海 8 月以来共收购小麦 50t，目前因收不到小麦，基本停收；经纪人肖宪斌日收购量 10t，送到河北的面粉厂价格为 2.50 元/kg，预期麦价会上涨。临沂经纪人陈茂田日收购小麦 140～150t,收购价格2.32～2.34 元/kg，送到东营的面粉厂价格为 2.44 元/kg。大部分粮食掌握在经纪人手里，后期有可能会出现价格越涨越惜售现象。

（三）面粉企业收购及参加拍卖情况

进入 2017 年 8 月，面粉市场逐步趋于好转。一方面天气转凉，利于面粉经纪人备货；另一方面大中专院校已陆续开学，集团消费增加，制粉企业开工率小幅提高，但因应对环保检查等原因，企业开工受到部分影响。本月面企收购毛粮价格 2.38～2.48 元/kg，环比上涨 1.04%，同比上涨 1.89%。平均日收购小麦 100～350t，因市场粮源少，为保证加工量，8 月下旬开始加价收购，每千克涨 0.01 元。

小麦拍卖方面，8 月 8 日，山东省粮油交易中心计划拍卖 20.61 万 t，实际成交数量1 000t，成交率 0.48%，平均价格2 500元/t。

（四）山东省新麦收购情况

截至 2017 年 8 月 20 日,山东省共收购小麦744.5 万 t,同比减少 32.3 万 t,其中国有企业收购 274.4 万 t，同比减少 113.4 万 t。夏收以来的小麦收购市场，呈现“较快的收购进程，较稳的价格局面”。与此同时，由于 2017 年主产区各地小麦质量普遍较高，加之市场对上年后期小麦价格大涨的行情难以忘却，部分地区农户惜售心理增强，经纪人存粮待沽者也较上年有所增加。

（五）加工环节

进入 2017 年 8 月，由于麦价基本稳定，在开学季等因素对于现货市场需求呈现出阶段性的强力支撑下，多数地区面粉价格开始不断走强，面企加工利润进一步凸显。8 月特一粉价格 3.12 元/kg，特精粉 3.24 元/kg，雪花粉 3.46 元/kg。

8 月监测的麸皮价格最低为 1.38 元/kg，最高为 1.50 元/kg，均价为 1.46 元/kg。此次麸皮的下滑与近期天气、市场心态的关系很大。进入夏季之后，南方出现洪涝灾害，对生猪养殖业带来较大冲击，下游需求受到抑制，此外高温湿热天气麸皮不能长期存放，客户不敢大量采购，而面企则担心库存积压，纷纷下调竞争出货，造成价格下跌，同时 8 月面粉预期转旺，麸皮后期产量增加，市场普遍看跌而加快出货。

二、山东省小麦进出口情况

随着国内外小麦价差缩窄，进口麦较国产麦的性价比优势逐步弱化，同时国内新小麦品质提高，也在一定程度上抑制或减少对国外优质麦的进口。6 月国内进口小麦 45.3 万 t，环比减少 9.8%，同比减少 5.1%，但山东进口 1.86 万 t，同比增加1 470t，环比增加 2.22%，同比增加 6.85%。在国内总体进口量减少的情况下，山东反而增加进口量，一是因为山东整体上麦价较高，二是因为缺乏优质专用小麦粮源，不得不增加专用小麦的进口量来满足加工需求。

三、小麦市场动态分析

当前市场上小麦供应较为充足，市场各主体由于仓容及资金方面限制，库存日渐饱和，采购小麦热情已明显降温。2017 年 8 月中下旬以后，面粉企业将迎来各大院校开学及中秋备货高峰，面粉厂采购量将会增大，将带动小麦市场需求增加，短期内小麦价格存在稳中继续上行的可能，从长期看，小麦上行空间或受限。

一是国内小麦市场整体供需相对宽松。国家粮油信息中心 8 月预计，2017 年全国小麦产量为13 020万 t，较上年增加 135 万 t；国内小麦消费总量为 10 370万 t，较上年度减少 401 万 t；小麦进口量为 300 万 t，比上年度减少 125 万 t。2017—2018 年度全国小麦供求结余量较上年度增加 410 万 t。

二是 2017 年主产区小麦质量普遍反映较好，各市场收购主体汲取上年教训，入市收购均较积极。夏收以来大多制粉企业都收购了一定数量的新小麦库存，部分经纪人手中的小麦也不少，市场流通粮源整体分布应好于上年。

三是临储小麦去库存再陷入低迷期。夏收以来受新粮上市的冲击，陈小麦流通空间不断受到压缩，国家临储小麦拍卖成交数量基本降至历史低位。据统计，截至 2017 年 7 月底，国家临储小麦剩余库存数量为5 616 万～5 716万 t，同比增加 1 739 万～1 839 万 t。

四是市场的消费难有明显增加。虽然后期面粉市场消费有望出现升温，但从近年的经验看面粉总体行情仍大体稳定，节日提振效果也没有对市场带来大的价格波动。

四、建议

2017 年 8 月托市收购结束后，正值政策出台比较敏感时期，市场不可控因素将增加。8 月市场变化不大，但对 9 月的小麦行情看好者多，应是出售小麦的较好时间段。对市场持粮主体，不要盲目“追价”，应把握时机，抓住政策收购执行期结束前这段时间择机出粮。

第九节　2017 年 9 月山东省小麦市场供需报告

2017 年 9 月山东省小麦价格总体是稳中有升，具体情况是上中旬麦价上涨，下旬略下滑（表 4-10、图 4-21）。

表 4-10　2016 年 9 月至 2017 年 9 月山东省与国内小麦市场价格（元/kg）

时间		山东省价格	国内价格
2016 年	9 月	2.38	2.74
	10 月	2.44	2.78
	11 月	2.54	2.82
	12 月	2.60	2.92
2017 年	1 月	2.60	2.92
	2 月	2.58	3.00
	3 月	2.68	3.04
	4 月	2.70	3.08
	5 月	2.66	3.12
	6 月	2.32	2.76
	7 月	2.36	2.72
	8 月	2.38	2.74
	9 月	2.44	2.88

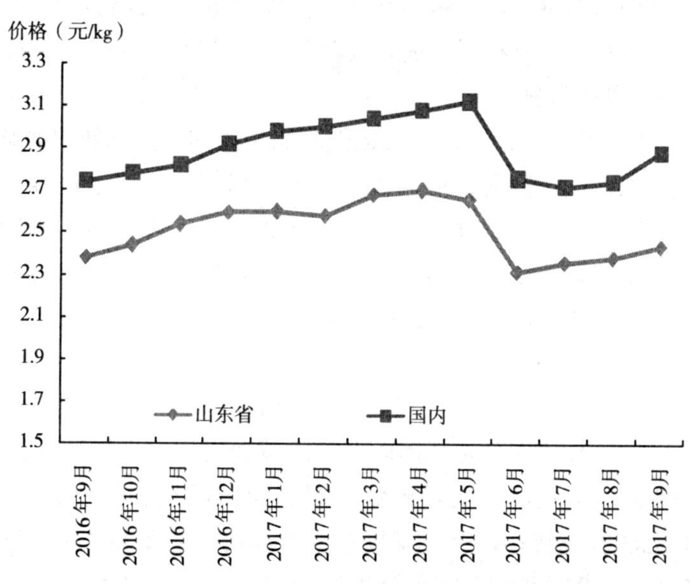

图 4-21　2016 年 9 月至 2017 年 9 月小麦价格对比

注：山东省价格为重点调查县（市）经纪人平均价格；国内价格为广州黄埔港优质麦到港价。

随着 2017 年“双节”临近，小麦价格在 9 月上中旬小幅上涨，9 月下旬随着最低收购价收储库点停收，面企和经纪人备货结束，麦价开始下滑。面粉需求量增加，价格小幅增长，麸皮价格继续下行。短期内山东地区麦价仍有下调可能。

一、小麦市场情况

2017 年 8 月中旬至 9 月中旬，山东省小麦价格温和上涨，9 月下旬开始下滑。粮商和农户多有数量不等的存货，受 2016 年小麦高价的影响，部分粮商和农户对 2017 年的麦价期许较高，存在惜售情况。进入 9 月，因散粮流通量减少，受面粉加工企业备货的需求影响，9 月上中旬价格稳中有升；9 月下旬开始，面企备货结束，同时麦价达到部分粮商的心理预期价位，他们开始分批出售手中存货，价格略有回落。

（一）农户小麦销售情况

据信息员反馈，存有余粮的农户进行部分销售，普麦价格在 2.40～2.44 元/kg，优质麦价为 2.70～2.76 元/kg。

（二）小麦经纪人购销情况

经纪人收购小麦 2.42～2.46 元/kg。

（三）面粉企业收购情况

国庆节和中秋节临近，面粉厂和经销商提前备货。面粉厂加工成本较高，利润微薄，开工率与 8 月持平。面企收购小麦价格为 2.48～2.52 元/kg。

（四）新麦收购情况

自 2017 年 9 月 8 日起，山东省最低收购价收储库点已暂停收购，抑制了麦价的持续上涨。统计数据显示，截至 9 月 10 日，主产区小麦累计收购6 809 万 t，同比减少 180 万 t。其中，山东省收购 978 万 t，同比减少 53 万 t。在收购量减少的情况下，小麦的市场供应同比更为宽松，加之 2017 年小麦品质较好，麦价像 2016 年那样大涨的概率较小。

（五）加工环节

步入 2017 年 9 月以来，面企采购意愿增强，但受产能过剩、市场竞争激烈的制约，小麦面粉市场“麦强面弱”的矛盾较突出，尤其是小麦价格走高，麸皮价格下跌，面企的经营压力增大。如果后期小麦价格持续上涨，那么面企加工成本将无法有效转移，企业难以承受过高的小麦价格。9 月特一粉 3.04 元/kg，特精粉 3.26 元/kg，雪花粉 3.52 元/kg。

9 月监测的麸皮价格最低为 1.3 元/kg，最高为 1.48 元/kg，均价为 1.36

元/kg。因开工率与 8 月比基本持平，麸皮的产量并未减少，但养殖业进入淡季，对麸皮的需求减少，造成市场流通麸皮量增加，故价格下滑，有继续下滑风险。

二、山东小麦进出口情况

2017 年 7 月山东进口小麦5 874t，同比增加 72.44%，环比减少 68.35%，9 月进口额 162.6 万美元。1～7 月累计进口 13.7 万 t，累计进口值3 294.1万美元。

三、小麦市场动态分析

进入 9 月中旬，主产区小麦价格在经历了新一轮快速上涨之后，9 月下旬开始略有回落。短期内山东地区麦价仍有下调可能，但受市场有效供应偏紧的提振，下调幅度不会很大。后期需重点关注市场购销主体的售粮行为。10 月可能迎来 2018 年最低收购价政策的公布，高度警惕后期麦价波动风险。粮商不可盲目追价，可在当下选择合适的时机出货。9 月 23 日，原农业部副部长叶贞琴表示，要将 2017 年秋种冬小麦面积稳定在 3.4 亿亩，重点抓好黄淮小麦产区，因地制宜发展优质强筋弱筋小麦，这对 2018 年是否继续执行小麦最低收购价 2.36 元/kg 政策，释放强烈信号。不过在第十八届中国粮食论坛上有专家提出，建议将 2018 年的小麦最低收购价下调至 2.30 元/kg。虽未有明确文件下达，但它释放了一个下调麦价的信号。

第十节　2017 年 10 月山东省小麦市场供需报告

2017 年 10 月小麦播种接近尾声，小麦、面粉、麸皮等价格持续上行（表 4-11、图 4-22）。

表 4-11　2016 年 10 月至 2017 年 10 月山东省与国内小麦市场价格（元/kg）

时间		山东省价格	国内价格
2016 年	10 月	2.44	2.78
	11 月	2.54	2.82
	12 月	2.60	2.92

（续）

时间		山东省价格	国内价格
2017 年	1 月	2.60	2.92
	2 月	2.58	3.00
	3 月	2.68	3.04
	4 月	2.70	3.08
	5 月	2.66	3.12
	6 月	2.32	2.76
	7 月	2.36	2.72
	8 月	2.38	2.74
	9 月	2.44	2.88
	10 月	2.48	3.00

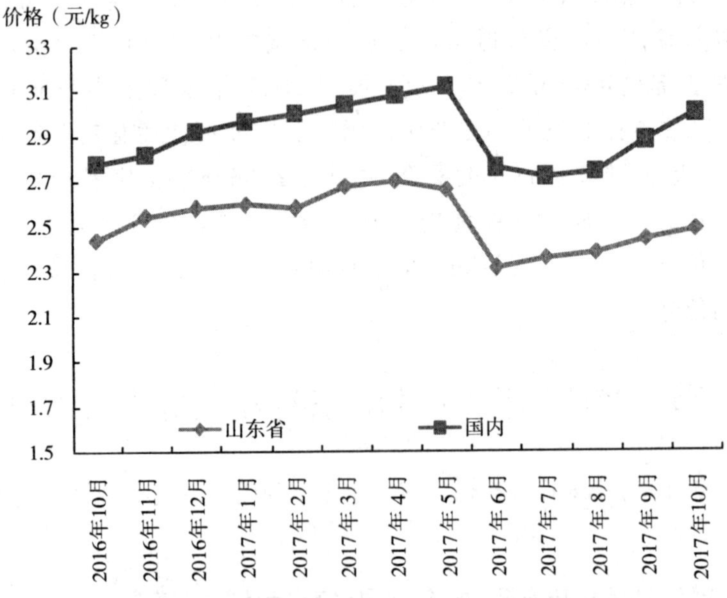

图 4-22　2016 年 10 月至 2017 年 10 月小麦价格对比

注：山东省价格为重点调查县（市）经纪人平均价格；国内价格为广州黄埔港优质麦到港价。

秋季小麦播种接近尾声。普麦市场稳中弱势上升，最主要的原因是受本轮降水天气影响，导致交通运输不畅，出现粮商上货困难，局部粮源紧张造成。山东地区面粉和麸皮价格持续小幅上涨，后期需关注 2018 年小麦最低收购价政策。

一、小麦生产情况

10月是冬小麦播种季节，通过对山东省小麦主产区菏泽、临沂、德州、潍坊、聊城等地11位农户进行调查，详细了解秋季小麦种植情况。调查的农户中，有4个农户种植面积在300亩以下，6个农户种植面积300亩以上，1户干脆不种了。有7个农户种植面积与2016年相当，占调查总数的70%；有2位减少面积，占调查总数的20%，其中一个地块搞开发，另一个因收入低而退租；1户增加了100亩，占总数的10%。有6个农户同时经营其他副业，且是家庭主要收入。小麦播完的占调查的72.7%，未播完的占27.3%，主要原因是租地合同在协调或是浇地后土壤水分偏高、机械不能到地等。

播种成本统计，种子费用675～990元/hm^2，其中种子均价4元/kg，用种量270～600kg/hm^2，随着天气渐冷，担心出苗率，下种量加大；肥料费用1 425～2 400元/hm^2，播种机械费用975～1 050元/hm^2，小麦季租地费用最低4 500元/hm^2，最高9 000元/hm^2，平均5 475元/hm^2。

据山东省农机局调查，截至10月17日，已播小麦334万hm^2，为预播面积的86.5%。其中，济南、淄博、东营、莱芜、日照5市小麦机播基本结束，威海、烟台、滨州过九成，菏泽、聊城、潍坊、青岛、枣庄过八成，德州近八成，泰安、临沂过七成，济宁近七成。全省累计完成深松86.4万hm^2，为任务数的96.7%，其中实施秋季深松70万hm^2。

二、小麦市场情况

（一）小麦经纪人购销情况

经纪人收购小麦2.48元/kg，环比上涨1.64%，同比上涨1.64%。据菏泽经纪人肖宪斌反映，最近日收购量50t左右，销售量40t，收购量较前期多，同时农户有惜售心理。

（二）面企收购情况

面企收购普麦价格最低2.50元/kg，最高2.60元/kg，均价2.52元/kg。

（三）加工环节

加工成本较高，利润微薄，开工率平均为55%。特一粉3.12元/kg；特精粉3.33元/kg；雪花粉3.54元/kg。10月监测的麸皮价格最低为1.44元/kg，最高为1.60元/kg，均价1.48元/kg，近期价格走势相对较好，整体小幅上行，但随着后期玉米的大量上市，上行趋势预计会受到打压。

三、小麦市场动态分析

节后由于国内麦市处于政策敏感期，部分持粮主体小麦销售意愿较强，以便腾仓收购秋粮。面企因库存粮源尚能保证短期加工所需，新麦采购较为谨慎。

预计后期小麦价格仍继续走高。因 2017 年夏收小麦总产量是 1.27 亿 t，各地储备库收购量高达7 206 万 t。从麦收开始到现在，市场上流通的 2017 年小麦只有5 000万 t 左右，而且已经过了 4 个月的市场消化。也就是小麦并没有大部分滞留在市场上，而是被收进了国库，2017 年以来的小麦拍卖底价都在 2.50 元/kg，加上出库费用，到厂价格一般超过 2.60 元/kg，陈麦入厂价格都达到了较高水平，新麦价格更高。

四、建议

山东省农业补贴是归农户所有，并不是真正种地者，如果补贴归种地者所有，那么地租必然上涨。如果把种地补贴转换成农户小麦差价补助，或许可以改变现状，同时促进种粮积极性。

第十一节　2017 年 11 月山东省小麦市场供需报告

2017 年 11 月山东省小麦价格继续稳中上行，面粉、麸皮等价格略有上调（表 4-12、图 4-23）。

表 4-12　2016 年 11 月至 2017 年 11 月山东省与国内小麦市场价格（元/kg）

时间		山东省价格	国内价格
2016 年	11 月	2.54	2.82
	12 月	2.60	2.92
2017 年	1 月	2.60	2.92
	2 月	2.58	3.00
	3 月	2.68	3.04
	4 月	2.70	3.08

（续）

时间		山东省价格	国内价格
2017 年	5 月	2.66	3.12
	6 月	2.32	2.76
	7 月	2.36	2.72
	8 月	2.38	2.74
	9 月	2.44	2.88
	10 月	2.48	3.00
	11 月	2.54	2.98

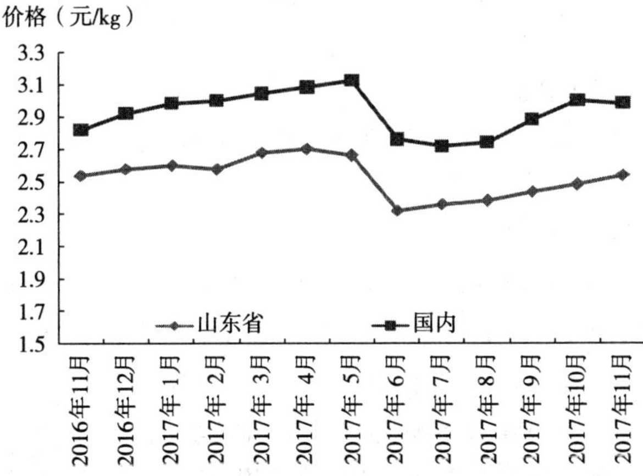

图 4-23　2016 年 11 月至 2017 年 11 月小麦价格对比

注：山东省价格为重点调查县（市）经纪人平均价格；国内价格为广州黄埔港优质麦到港价。

受小麦上市量小、用粮企业采购欲望强、农户惜售、小麦拍卖成交量增多等因素影响，山东地区普麦市场价格继续稳中上升。经纪人平均收购价 2.54 元/kg，面企收购均价 2.62 元/kg，原粮价格高，面粉和麸皮价格小幅上调。预计后期小麦价格将继续维持高位运行。

一、小麦生产情况

山东省冬小麦 11 月处在出苗期—分蘖期，播种早的处于分蘖期，播种晚的处于出苗期。截至到 2017 年 11 月 20 日，山东省平均气温 13.74℃，平均地温 10.73℃，0～20cm 平均土壤墒情 15.61%。11 月上旬全省大部分农田土壤墒情适宜；11 月中旬以来未有大面积降水过程，部分麦田偏旱。

二、小麦市场情况

11月山东省小麦市场价格稳中有升，原因是流通市场新麦粮源偏紧、农户售粮积极性不高、面企采购欲望较强、小麦竞价交易回暖等影响。

（一）小麦经纪人购销情况

经纪人收购小麦最高2.56元/kg，最低2.51元/kg，均价2.54元/kg，环比上涨2.42%，同比上涨8.55%。据菏泽经纪人肖宪斌反映，最近日收购量仅有几吨，反映农户有惜售心理。德州经纪人王洪君日收购小麦1.5万～2万kg，收购量较小。经纪人收购价格由11月初的2.52元/kg，到11月24日涨至2.54～2.56元/kg。而且粮食经纪人忙于秋粮收购，小麦库存不足。

（二）面企收购情况

11月面企收购普麦价格最低2.52元/kg，最高2.64元/kg，均价2.62元/kg，环比上涨3.97%，同比上涨0.77%。

（三）面粉及麸皮价格

11月面粉市场相对比较稳定。受制于成本压力，面粉加工企业挺价心理较为强烈，但由于市场需求较稳，出货情况一般，提价相对谨慎。近日潍坊面企王克臣，各类面粉每吨上调20元。大部分地区的面粉价格还是维持以稳为主的态势。面企随着下游客户补货需求增加，开工率呈现好转态势，据菏泽面企的常海莲反映，开工率比10月提高20%，为75%，但因受运输影响销售不畅。11月特一粉3.06元/kg，特精粉3.28元/kg，雪花粉3.46元/kg。11月监测的麸皮价格最低为1.54元/kg，最高为1.60元/kg，均价1.50元/kg，环比上涨4.05%，同比上涨5.48%。受原粮小麦价格的上涨，面粉企业承压严重，虽养殖业对饲料需求减少，为保利润，山东地区麸皮价格小幅上行。

（四）临储拍卖情况

新麦、陈麦价渐趋接轨，拍卖成交回暖明显。11月14日，山东2016年产白小麦成交27 574t，成交率55.30%。与当前新小麦到厂价格已相差无几，制粉企业对临储小麦在心理上已逐步接受。随着拍卖小麦进入市场通道的基本打通，预计政策性小麦拍卖的成交量将会进一步增加。

三、小麦市场动态分析

新麦市场流通供给仍显偏紧，企业批量采购难度较大，主产区小麦价格持续高位偏强运行。预计后市新小麦价格或将在持平或略高于临储小麦价位运行，持续上涨的空间已经不大。

首先，小麦市场供需整体相对宽松。预计 2017—2018 年度全国小麦供求结余量为 2 914 万 t，较上年度增加 375.8 万 t，增幅 15.9%，整体供需相对宽松。

其次，流通市场相对上年并不缺粮。2017 年政策收购数量减少，流通领域滞留于经纪人及经营企业手中的粮源要大大多于上年。

再次，目前部分高价区小麦价格已日趋逼近政策顶部，新小麦相对于拍卖小麦的价格优势已经基本消失，一旦临储小麦能够批量进入市场，政策的“天花板”效应将会抑制新小麦价格再度走高。

最后，目前制粉企业承担着“两头受挤”的市场局面，继续抬高小麦价格的能力减弱。

四、建议

2017 年 10 月 27 日，2018 年小麦最低收购价政策出台，每 500g 由原来的 1.18 元，降低为 1.15 元，减少 3 分。全国政协常委陈锡文建议：从 2018 年夏粮和早稻上市开始，取消主产区的麦、稻最低收购价格制度，按生产成本加补贴的办法，实行“市场定价，价补分离”政策。这些政策的出台及信号的释放，说明我国要在主粮上逐步进行改革。

（1）最低收购价的降低，有利于规模化种植主体扩大与形成。建议加大对种粮大户的补贴政策，使之看到种粮的希望。

（2）建议加快对麦、稻实行“市场定价，价补分离”的改革措施，麦、稻价格完全由市场供求决定。

第十二节　2017 年 12 月山东省小麦市场供需报告

2017 年 12 月山东省麦价仍坚挺，面粉略下调，麸皮价格稳中有升（表 4-13、图 4-24）。

表 4-13　2016 年 12 月至 2017 年 12 月山东省与国内小麦市场价格（元/kg）

时间	山东省价格	国内价格
2016 年 12 月	2.60	2.92

（续）

时间		山东省价格	国内价格
2017 年	1 月	2.60	2.92
	2 月	2.58	3.00
	3 月	2.68	3.04
	4 月	2.70	3.08
	5 月	2.66	3.12
	6 月	2.32	2.76
	7 月	2.36	2.72
	8 月	2.38	2.74
	9 月	2.44	2.88
	10 月	2.48	3.00
	11 月	2.54	2.98
	12 月	2.54	2.98

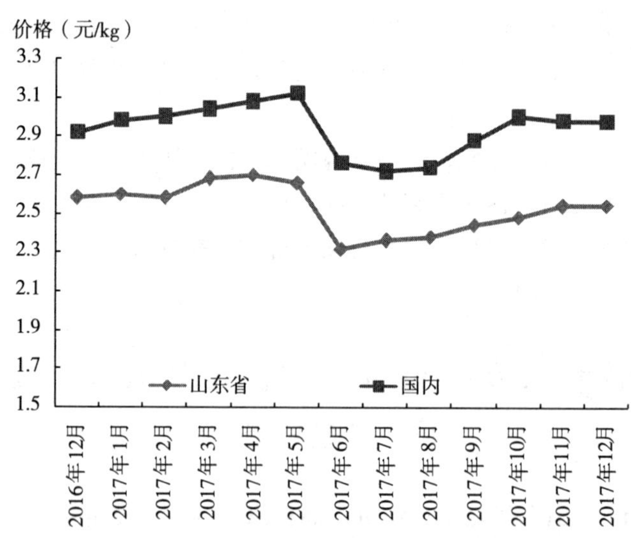

图 4-24　2016 年 12 月至 2017 年 12 月小麦价格对比

注：山东省价格为重点调查县（市）经纪人平均价格；国内价格为广州黄埔港优质麦到港价。

2017 年 12 月小麦市场整体维持高位平稳，临储小麦成交量同比上涨，持粮主体出货量增加，面粉加工企业择优备货，进厂价波动不明显。短期预计普麦价格维稳为主，建议持粮主体抓住时机适时出手。

一、小麦生产情况

2017年因播种期间降水多，致使播期延迟，后期又无有效降水，山东省总体苗情偏弱，一类苗减少，二类苗增加。其中，潍坊地区冬小麦32.3万hm^2，比上年减少0.79万hm^2，麦田苗情各项生育指标均略低于上年，个体生长量偏小；晚播麦田群体不足。

二、小麦市场情况

进入2017年12月后，小麦市场价格上涨乏力，经纪人出货积极性较前期明显上涨，各地区的国储粮库也陆续开始轮换开库，小麦到厂量随之增加，12月上旬少数面企下调了麦价，每千克下调0.001～0.02元，12月中下旬小麦价格基本稳定，仍延续高位偏强运行。

（一）小麦经纪人购销情况

玉米收获后，部分经纪人多将经营重心移至秋粮，收购量少，接近年底，考虑经济压力，同时因麦价阶段性高位波动态势影响，出货意愿强烈。经纪人收购均价2.54元/kg，同比和环比分别上涨0.08%。

（二）面粉企业收购情况

小麦到厂量增加，对库存有一定补充，因持续承受粮源高成本挤压，对小麦采购数量、质量以及成本控制较前期严格。虽然制粉企业采购政策性小麦有所增加，但迫于质量原因多与新麦搭配使用，对新粮的需求仍然呈现刚性。面企收购均价2.58元/kg，同比降低1.22%，环比上涨0.31%。预计面企节前备货需求的升温使得市场购销博弈进一步加剧。

（三）加工环节

因2017年春节较晚，小麦终端产品的消费旺季还未出现。特一粉价格3.10元/kg，特精粉3.22元/kg，雪花粉3.54元/kg。麸皮价格稳中有升，均价1.59元/kg。

（四）临储拍卖情况。

12月山东小麦拍卖数量有显著增加，刺激了小麦市场的价格。虽说之前小麦的市场供应比较紧张，但是经过这次的库粮轮换后，小麦用量紧张氛围有所缓解。山东省累计拍卖成交量为66 609t，成交率18.75%，交易均价2.52元/kg。

三、小麦市场动态分析

2017年12月小麦经纪人出货量增加，临储小麦也为用粮企业提供了充足的货源，麦价上有压力、下有支撑，维持高位运行概率较大。2018 年 1 月和 2 月初，是面企备货和产品消费旺季，预计到时市场购销的活跃度会显著增加。本月普麦价格以维持稳定为主，优质小麦仍有一定的上浮空间，建议持粮主体抓住时机适时出手，谨防后期风险。

第十三节　2017 年山东省小麦市场供需会商报告

一、2016—2017 小麦收获情况

山东省新麦总体呈“两增一减”局面。即面积和总产增，单产减少。

2017 年种植面积和总产增加。据国家统计局山东调查总队统计，全省小麦播种面积5 767.82万亩。大力推进粮食种植结构调整，积极扩大优质专用小麦面积，强筋小麦面积发展到了 600 万亩左右。小麦每公顷平均产量 6 109.65kg，比上年减少 11.55kg；全省总产 234.93 亿 kg，比上年增加 0.471 亿 kg。

质量方面，从 409 份山东省小麦质量会检结果可以看出，容重最大 824 g/L，最小 701g/L，三等以上的占比为 85.82%，其中一等占 21.03%，二等占 35.21%，三等占 29.58%。不完善粒≤6.0 占 89.49%，硬小麦占 89.98%，混合麦占 9.54%。与 2016 年比较，三等以上小麦降幅 11.25%，一等减少 45.56%，二等和三等分别增加 10.57%和 23.73%（表 4-14、表 4-15）。

表 4-14　山东省小麦质量会检结果分析表

指标		2017 年度（409 个样本）			2016 年度（410 个样本）		
		最大值	最小值	平均值	最大值	最小值	平均值
千粒重（g）		49.6	28.5	39.9	50.4	31.8	41.6
容重（g/L）		824	701	772	850	732	797
不完善粒率（%）	总量	15.5	0.3	3.4	16.3	0.2	2.7
	赤霉病粒	0.9	0	0	0.9	0	0.1
	生芽粒	12.6	0	1	13.1	0	0.5
	黑胚粒	0.8	0	0	0.3	0	0
	生霉粒	7.9	0	0.3	5.4	0	0.2
硬度指数		74	44	65	72	44	64
水分（%）		13.8	9.2	11.6	14.5	10.2	11.9

（续）

指标	2017 年度（409 个样本）			2016 年度（410 个样本）		
	最大值	最小值	平均值	最大值	最小值	平均值
湿面筋（%）	39.2	20.9	30.1	37.9	17.1	25.6
粗蛋白（%）	17.5	9	13.6	17.4	10	13.3
呕吐毒素				2 900	0	385
玉米赤霉烯酮				23	0	7

表 4-15　2016 年、2017 年山东省小麦质量会检结果

指标		2017 年度		2016 年度		2017 与 2016 增降百分点
		样品数	占比（%）	样品数	占比（%）	
容重（g/L）	三等及以上	351	85.82	398	97.07	−11.25
	一等	86	21.03	273	66.59	−45.56
	二等	144	35.21	101	24.64	10.57
	三等	121	29.59	24	5.85	23.74
	四等	45	11.00	12	2.93	8.07
	五等	9	2.20	0	0.00	2.20
	等外	4	0.98	0	0.00	0.98
不完善粒率（%）	8.0 及以上	22	5.38	10	2.44	2.94
	≤6.0	366	89.49	385	93.90	−4.41
	6.0～8.0	21	5.13	18	4.39	0.74
	8.0～10.0	5	1.22	5	1.22	0.00
	>10.0	17	4.16	5	1.22	2.94
粒色	红	0	0.00	0	0.00	0.00
	白	409	100.00	410	100.00	0.00
	混	0	0.00	0	0.00	0.00
小麦硬度	混合麦	39	9.54	63	15.37	−5.83
	软麦	2	0.49	1	0.24	0.25
	硬麦	368	89.98	346	84.39	5.59

二、2017 年山东省小麦市场收购特点

（一）小麦价格

从图 4-25 中可以看出，2016 年与 2017 年山东地区小麦市场价格走势基本相近，2017 年小麦市场价格高于 2016 年度。其中，总体上 1～5 月平稳上涨，6 月山东新麦上市阶段，价格下降幅度较大，此后直线上涨。

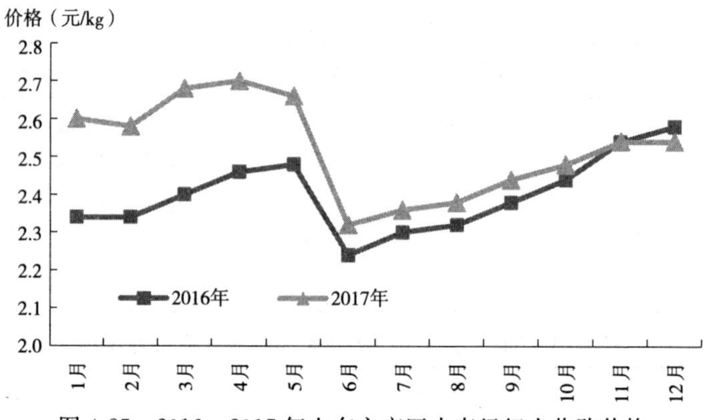

图 4-25　2016—2017 年山东主产区小麦经纪人收购价格

（二）面粉、麸皮价格

从图 4-26 中可看出，雪花粉价格高于特精粉、特一粉，总体趋势是上涨，面粉价在 6 月有个别下调，此后基本平稳上涨。

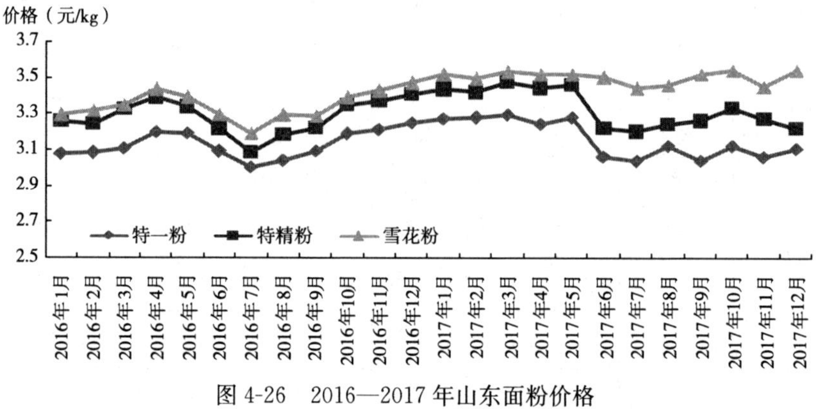

图 4-26　2016—2017 年山东面粉价格

2017 年山东麸皮价格与 2016 年比较，呈平稳变化趋势（图 4-27）。

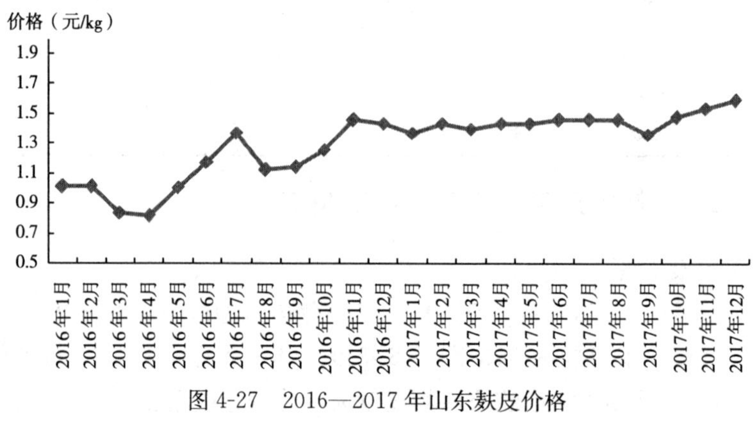

图 4-27　2016—2017 年山东麸皮价格

（三）新麦收购特点

一是开秤价同比上涨。新普麦开秤价 2.24～2.36 元/kg。

二是订单收购价格高。种植大户与当地种子公司签订收购合同繁育种子，收购均价比市场价高 0.2～0.4 元/kg，截至 2017 年 6 月 21 日，郓城地区达到 2.64～2.70 元/kg。

三是经纪人、面粉加工企业入市收购活跃。经纪人收购小麦混收混卖，未细分等级，对质量要求较低，收购价格一般在 2.30～2.40 元/kg，收购量按仓容和麦源来定，目前大多数经纪人仓容已满。面粉厂家积极收购，过筛去杂新普麦价 2.28～2.46 元/kg，对收购品质划分等级，要求较严。

四是 2017 年比 2016 年同期小麦收购进度快。原因一是麦收提前，无储存条件农户地头出售；二是收获机械到位及时；三是收获期间天气总体良好。

（四）6～9 月小麦收购特点

6～9 月小麦价格总体趋势是一直保持上升态势，国有粮企和个体粮商全省平均收购价 2017 年高于 2016 年，且 2017 年度国有粮企和个体粮商收购价差缩小，说明市场价格与托市价接近。国有粮企收购均价同比上涨 1.9%，个体粮商收购均价同比上涨 2.85%（图 4-28）。

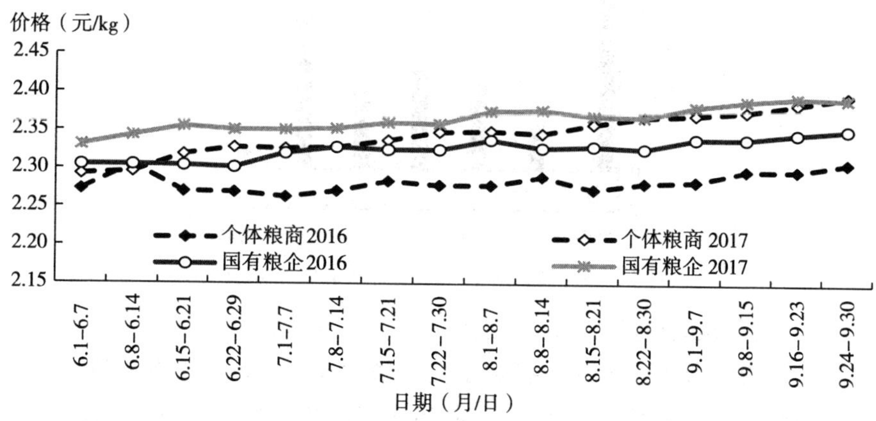

图 4-28　2016—2017 年个体粮商和国有粮企收购小麦价格

三、小麦收购中存在的问题

（一）小麦收购总量整体低于 2016 年

2017 年新麦上市以来，由于主产区小麦质量普遍较好，粮食部门调动了多元主体入市收购，各市场主体入市收购较为积极，市场化收购量显著增加，最低收购价小麦收购量都低于上年，降幅达到 16%。虽然国家在主产区 6 省全部启动托市收购，但由于价格原因南北收购状况不一，最低收购价小麦收购数量同比减少明显，导致总体收购数量低于2016年同期。

截至2017年9月30日，我国主产区小麦当年累计收购7 206万t，同比减少376万t，其中，山东收购1 085万t，同比减少68万t。江苏和湖北收购量增加，其他主产区收购量均减少。河北收购579万t，同比减少258万t；江苏收购1 242万t，同比增加90万t；安徽收购989万t，同比减少66万t；河南收购2 304万t，同比减少51万t；湖北收购252万t，同比增加7万t（图4-29）。

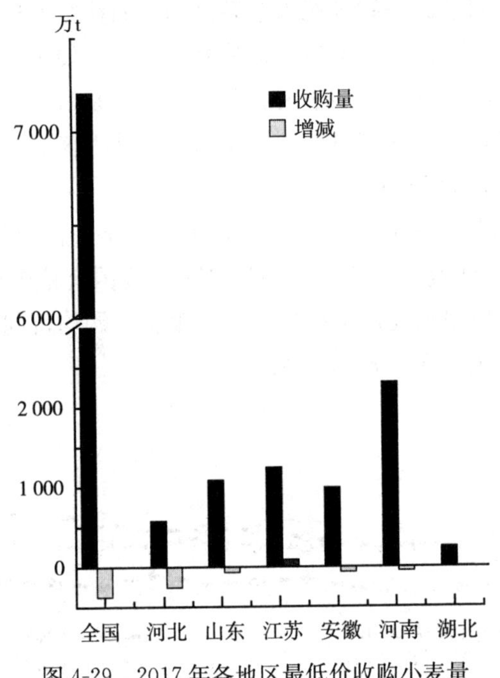

图4-29　2017年各地区最低价收购小麦量

（二）优质强筋小麦行情逊于普麦

2017年夏收期间，相对于普通小麦价格的大幅上行，优质强筋小麦价格尽管在后半程上涨速度有所加快，但整体比较仍逊于普麦。原因一是普麦受到了国家托市收购的大力支撑，而优麦市场并没有政策的支持，价格的运行主要靠市场调节；二是2017年主产区小麦质量普遍较好，市场采购积极，再加之优质小麦种植面积增加，产量同比提高，供给增加；三是我国优质强筋小麦受进口小麦影响较大，国内外小麦差价处于较高的位置，对国内强筋小麦市场影响利空。

（三）临储拍卖对市场影响降至低点

新粮上市以来，由于临储小麦性价比低于新麦，制粉企业生产多以新麦为主，参与拍卖的积极性不高，国家临储小麦拍卖成交又重新滑落至较低水平。初步统计，2017 年 6～9 月，国家临储小麦累计投放4 747.7万 t，实际成交 34.49 万 t，成交率为 0.72%，整体处于谷底位置。

（四）小麦进出口情况

2017 年 1～9 月中国进口小麦 356.75 万 t，比 2016 年同期提高 24.71%。其中，山东地区 1～9 月进口小麦 14.26 万 t，较 2016 年同期增加 11.82 万 t。主要原因一是受国内外价差影响，二是对优质专用小麦的需求量增加。

四、2017 年秋季山东小麦生产进度、形势和特点

据山东省各地市上报省农业厅数据显示，2017 年山东省预播面积为 385.67 万 hm^2，比 2016 年增加了 1.15 万 hm^2，但潍坊地区因干旱等影响，预播面积为 31.99 万 hm^2，减少 1.09 万 hm^2。大部分地区已播种完毕，仅临沂地区水稻在收获中，播种未结束。2017 秋季小麦播种特点如下。

（1）继续推进粮食种植结构调整。为保证优质小麦的种植面积，部分地区 2017 年小麦采取统一供种的形式，到户单价 3.0 元/kg，较市场优惠 30%左右，农户踊跃参与小麦统一供种，享受供种优惠。

（2）扎实推进粮食绿色高产高效创建。一是明确了绿色高产高效创建内容。主要是开展攻关区、示范区、辐射区“三区”建设。其中，攻关区 6.67hm^2以上，主要是集成推广良种良法配套技术，试验示范绿色生产新技术、新机具。示范区 666.67hm^2以上，主要是推广成熟的绿色高产高效技术模式，开展耕、种、管、收统一服务。辐射区 6 666.67hm^2以上。主要是把示范区成熟技术模式和优良品种进行大面积推广，引导农民转变传统生产方式。二是严格设定项目县申报条件。要求粮食项目县必须是 500 亿千克粮食产能县、后备县，或是 2015 年粮食总产在 5 亿千克以上的县。通过县级自主申报、市级评审确定和省级审查备案，2016 年安排 3.7 亿元、43 个项目县，2017 年计划安排资金 2 亿元、72 个县（次）。三是严把方案编制关口。专门举办了实施方案编制培训班，成立了省级专家审核组，对各项目县实施方案进行严格审核论证。四是加强督导检查。在 2016 年 9 月和 2017 年 4 月，通过召开会议的方式对各地工作进行调度。6 月初组织 8 个督导组，对所有项目县进行了中期督导检查，提出了书面整改意见，限期完成整改，保障了创建工作质量。五是加大行政推动力度。省、市、县三级均成立了领导小组和技术指导组，形成了强大的工作合力。从中期督导结果看，项目区小麦优良品种实现了全覆盖，种子包衣率大幅度提高。深耕深松、规范化播

种、宽幅精播等关键增产技术基本普及，耕种管收综合机械化率达到100%。经测产验收，项目区小麦平均亩产达到584.4kg，高出全省平均水平177.2kg。同时，通过示范推广秸秆还田、测土配方施肥、水肥一体化、病虫害统防统治等绿色生产技术，示范区内小麦全生育期实现节水20%以上，化肥、农药使用量减少10%。更重要的是，通过项目的实施，改变了部分基层工作人员对绿色发展必然导致粮食减产的错误认识，使绿色发展理念逐步深入人心。如山东省桓台县在试验水肥一体化的过程中，发现该项技术在节水、节肥、省人工方面具有很好的效果，计划在种粮大户中全面普及水肥一体化，借此推动大田作物绿色生产。

五、2017年秋冬种面临的困难和问题

山东省秋冬种作物主要是小麦。2017年的秋冬种工作面临的困难和问题主要有以下几个方面。

一是政策激励效应不断减弱。为支持粮食适度规模经营，从2015年开始，山东省每年对3.33hm^2以上的种粮大户和种粮家庭农场给予900元/hm^2的补贴，最高补贴1.2万元。从2017年开始，该项补贴资金大幅减少，补贴方式也发生改变，导致部分种粮大户收益明显下滑。激励政策的不连续、不稳定，挫伤了种粮大户积极性，不利于适度规模经营的健康稳定发展。

二是提高小麦统一供种覆盖率难度较大。2016年山东省与相关部委联合下发了《关于做好小麦良种统一供种工作的意见》，统一供种在部分地区得到小面积恢复。但是，从2016年小麦苗情长势看，田间整齐度仍然较差，说明统一供种覆盖率仍然较低。近几年，由于品种差异较大、种子包衣等技术措施落实不到位，小麦整地、播种、出苗质量都不够理想，这对小麦生产管理带来了诸多不稳定因素。

三是气候的不确定性在增大。据气象部门预测，2017年秋季全省平均降水量较常年偏少一至二成，气温较常年略偏高。半岛和鲁中东部地区旱情出现反复的可能性较大。这些都给生产带来新的困难和不确定性。

四是部分农资价格上涨压力增大。受原材料成本上涨、环保压力等因素，农资企业尤其是肥料企业开工率降低、产能受限，市场供应量少于2016年同期，农资价格上涨压力增大。

六、小麦市场动态分析

小麦最低收购价格的下调及下调幅度在市场预料之中，这是市场维稳的需

要，同时更顺应了粮食市场化的趋势，是小麦最低价连续持平 4 年后的第一次调整，也是自 2004 年实行小麦最低收购价政策以来的首次下调。2010 年以来，小麦市场供求基本平衡，本次政策调整对行情的影响基本已被市场消化，预计不会对市场行情产生明显的影响。

2017 年夏粮小麦集中收购结束时，粮源的分布结构已成定局。由于 2017 年夏收小麦市场价格较高，收购成本也较高，在需求相对稳定的环境下，预计以稳为主的小麦市场格调将不会改变，市场出现大幅波动行情的概率也不会高。进入四季度以后，传统消费旺季来临，随着面粉需求的增加，预计国内小麦行情将持续上涨可能性极大，但上涨空间有限。主要原因一是国际麦价可能继续下行。美国农业部 10 月供需报告中将 2017—2018 年度美国小麦产量数据上调至 17.41 亿 bsh*。2017—2018 年度小麦期末库存数据上调至 9.6 亿 bsh，高于市场预期的 9.46 亿 bsh，不过仍远远低于上年的 11.81 亿 bsh。2017—2018 年度全球小麦期末库存预测数据上调近 500 万 t，达到 2.681 亿 t，是历史新高。这份报告再度证实全球供应庞大，出口竞争激烈，继续令麦价承压下行。二是国内库存小麦宽松。预计 2017—2018 年度全国小麦供求结余量较上年度增加 410.3 万 t，增幅 16.2%，国内小麦市场整体供需相对宽松。三是市场流通粮源较往年高。在最低价收购量普遍减少的情况下，市场上流通的粮源相对变多，对后期价格的上涨起缓解作用。四是需关注临储小麦销售底价是否调整。国家临储小麦仍坚持顺价销售的原则，在大力去库存背景以及小麦市场预期没有大变动的情况下，需高度关注临储麦的销售低价。

* bsh 为非法定计量单位，1bsh≈36.4L。

第五章　2018年山东省小麦市场供需报告

第一节　2018年1月山东省小麦市场供需报告

2018年1月小麦价格略下跌，预期节前平稳（表5-1、图5-1）。

表5-1　2017年1月至2018年1月山东省与国内小麦市场价格（元/kg）

时间		山东省价格	国内价格
2017年	1月	2.60	2.98
	2月	2.58	3.00
	3月	2.68	3.04
	4月	2.70	3.08
	5月	2.66	3.12
	6月	2.32	2.76
	7月	2.36	2.72
	8月	2.38	2.74
	9月	2.44	2.88
	10月	2.48	3.00
	11月	2.54	2.98
	12月	2.54	2.98
2018年	1月	2.52	2.98

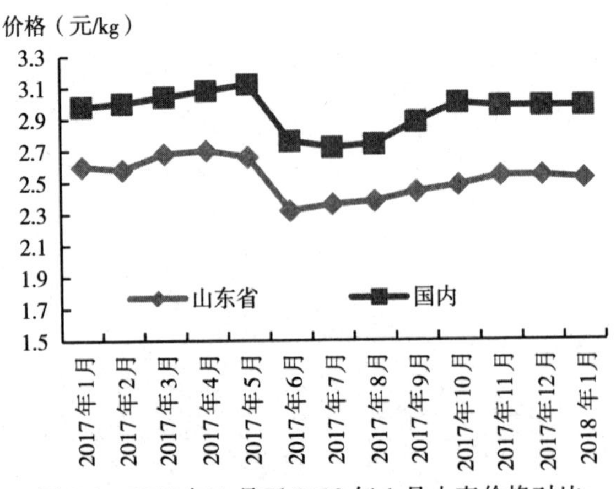

图5-1　2017年1月至2018年1月小麦价格对比

注：山东省价格为重点调查县（市）经纪人平均价格；国内价格为广州黄埔港优质麦到港价。

由于政策调整和临近年末，持粮主体售粮愿望强烈。销售底价下调对市场的影响比最低收购价下调大，前者直接导致最低收购价小麦到厂价下降。市场的供求关系保持着相对平衡。预计 2018 年春节前小麦市场保持以稳为主的行情态势。

一、小麦生产情况

2018 年山东的小麦生产，受播种期间连续降水影响，部分地区小麦播期推迟，晚茬麦面积增加。再加上播种以来全省平均气温较常年偏低，降水和日照时数均偏少，全省小麦冬前苗情不够理想。平均群体、个体指标均低于 2017 年，一类苗和旺苗面积减少，二类、三类苗面积扩大，尤其是三类苗面积是几年来最多的一年。据山东省土壤肥料工作站监测，截至 2018 年 1 月 10 日，全省大部分农田土壤墒情适宜，小麦处于越冬期。

二、小麦市场情况

2017 年 6～12 月，小麦一直处于坚挺状态。自 2018 年 1 月 8 日国家粮食交易中心公布了调整部分政策性小麦销售底价以后，小麦价格略有回落。部分粮库、经纪人迫于各种压力出库意愿较高，加上春节将至，消费即将进入旺季，制粉企业和面粉经销商备货的心态有所增强，小麦市场购销稍显活跃。

（一）小麦经纪人购销情况

2018 年 1 月小麦经纪人收购小麦价格 2.50～2.58 元/kg，均价 2.52 元/kg。

（二）面粉企业收购情况

面企收购小麦平均价格 2.56 元/kg。受国家调整最低收购价拍卖底价影响，山东部分地区小麦价格明显下跌，其中菏泽地区面粉厂挂牌收购价格 2.58～2.59 元/kg。这次政策性小麦销售价格的下调，使市场的底部重心下移，一定程度上减轻生产厂家小麦采购的成本压力，对制粉企业体现利好。

（三）面粉及麸皮价格

面粉价格平稳略降，特一粉均价 3.10 元/kg、特精粉 3.2 元/kg、雪花粉 3.44 元/kg。虽然春节临近，但面粉走货不快，节日拉动对市场的影响效应偏弱，总体感觉 2018 年春节前面粉市场“旺季不旺”的特征表现得更加明显。

麸皮在经过前期下跌之后，1 月下旬价格基本止跌，部分地区由于饲料企业开始节前集中备货，价格还出现了小幅反弹。麸皮均价 1.6 元/kg，同比上涨 17.08%，环比上涨 0.75%。

（四）临储拍卖情况

2018 年 1 月 1～15 日，即国家临储小麦销售底价开始下调实施之前，山东粮食交易中心公示数据显示，总成交量为 14.9 万 t，成交率 70.7%，成交均价2 520.6 元/t。政策调整以后，截至 2018 年 1 月 23 日，成交量为 19.5 万 t，成交率为 61.17%，成交均价2 508 元/t。从成交量上明显看出，政策因素对拍卖成交结果影响较大。在政策实施之前，部分制粉企业采购多持观望心理；政策实施之后，成交量已创出近期新的高点。分析认为，近年来由于政策性小麦销售底价较高，与市场流通的小麦相比不具优势，成交率较低，流动性偏差，导致政策性小麦库存居高不下。国家对小麦拍卖底价的下调，将使得政策性小麦到厂价格相应下降，激发用粮企业采购热情提高，促进政策性小麦去库存进程的加快。

三、小麦市场动态分析

近段时间，由于政策的调整和临近年末，经纪人、粮库等持粮主体售粮心态也有所变化，担心麦价会进一步下滑，出售愿望强烈。从近期市场上看，销售底价下调对市场的影响比最低收购价下调大得多，销售底价下调导致最低收购价小麦到厂价下降，与市场小麦相比，价格优势渐显。市场的供求关系相对平衡。尽管小麦市场价格将高于政策性小麦到厂价，但估计价差不会太大，预计春节前小麦市场变数已经不大，以稳为主的行情态势基本成定局。

第二节　2018 年 2 月山东省小麦市场供需报告

2018 年 2 月横跨春节假日，节前小麦购销平淡价格平稳，节后购销基本停滞（图 5-2、表 5-2）。

表 5-2　2017 年 2 月至 2018 年 2 月山东省与国内小麦市场价格（元/kg）

时间		山东省价格	国内价格
2017 年	2 月	2.58	3.00
	3 月	2.68	3.04
	4 月	2.70	3.08
	5 月	2.66	3.12
	6 月	2.32	2.76
	7 月	2.36	2.72

（续）

时间		山东省价格	国内价格
2017年	8月	2.38	2.74
	9月	2.44	2.88
	10月	2.48	3.00
	11月	2.54	2.98
	12月	2.54	2.98
2018年	1月	2.52	2.98
	2月	2.52	2.98

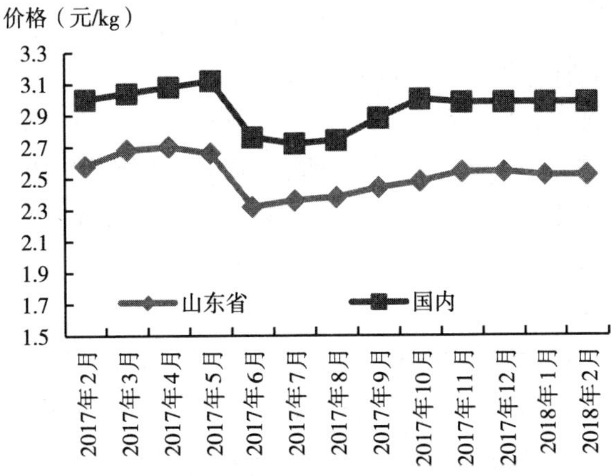

图5-2　2017年2月至2018年2月小麦价格对比

注：山东省价格为重点调查县（市）经纪人平均价格；国内价格为广州黄埔港优质麦到港价。

2018年2月年前小麦市场购销平淡，延续1月的平稳态势，年后购销基本停滞。节前面粉价格一直保持相对稳定，加之旺淡季消费不明显，面粉经销商多以随销随采为主。预计短期内小麦价格会稳中偏弱运行。

一、小麦生产情况

小麦越冬前生产主要特点：一是全省平均群体、个体指标均低于2017年和常年；二是全省公布小麦面积数据386.1万hm^2，一类、二类、三类苗所占比例分别为45.62%、38.23%、13.27%，比2017年分别减少4.2%、增加3.37%、增加4%；旺苗比例为2.88%，比2017年减少3.2%；三是2月1～25日，大部分地区基本没有有效降水，部分地块特别是没有浇越冬水的地块旱象已经显现，部分农户开始浇地；四是受降温较早和地表干旱的影响，导致全省冬前化学除草面积相对较少，部分地块病虫越冬基数高，地下害虫为害较重。

二、小麦市场情况

2月包括了春节，春节前小麦市场购销平淡，基本延续1月的平稳态势，春节后购销停滞。正月初七以后，面粉加工企业陆续开工恢复生产，国内麦市购销逐步解冻。随着农民工陆续外出，大中专学生陆续返校，面粉销售速度将恢复常态。

三、小麦市场动态分析

传统节假日氛围逐渐消退，面粉加工企业正式开工，国内小麦市场购销将逐步恢复。3月以后，制粉企业将会启动新一轮补库，同时地方轮换储备小麦集中轮换出库将加大粮源供给压力，短期内预计小麦价格会稳中偏弱运行。未来一段时间需要关注市场余粮的供需情况，以及在田作物的生长情况等。从全年来看，国内的小麦价格较难出现反常表现，维持在合理区间内运行将是大概率事件。考虑到国家政策性库存粮源存在一定的结构性矛盾，质优粮源购销将因品质间供需格局不一呈现分化态势。

春节前面粉价格一直保持相对稳定，加之旺淡季消费不十分明显，面粉经销商多以随销随采为主。一方面，春节前国家下调了政策性小麦销售底价，企业原粮成本压力减轻；另一方面，消费者备年货的观念变化，面粉批量需求量越来越少。预计后期市场也不会有明显改观，进入3月面粉也属于消费淡季，面粉订单的提升量并不会很明显。

从当前麦市总体供给、区域性库存分布以及近年来用粮企业节后粮源备货情况来看，建议持粮主体理性看待国内小麦市场格局，合理制订销售策略；对于下游面粉厂家，政策粮供应充裕，可根据自身需求适当调整原粮库存。

第三节　2018年3月山东省小麦市场供需报告

2018年3月市场流通麦源少，拍卖投放量增加，面企收购谨慎，麦价与2月持平（表5-3、图5-3）。

表 5-3　2017 年 3 月至 2018 年 3 月山东省与国内小麦市场价格（元/kg）

时间		山东省价格	国内价格
2017 年	3 月	2.68	3.04
	4 月	2.70	3.08
	5 月	2.66	3.12
	6 月	2.32	2.76
	7 月	2.36	2.72
	8 月	2.38	2.74
	9 月	2.44	2.88
	10 月	2.48	3.00
	11 月	2.54	2.98
	12 月	2.54	2.98
2018 年	1 月	2.52	2.98
	2 月	2.52	2.98
	3 月	2.52	2.98

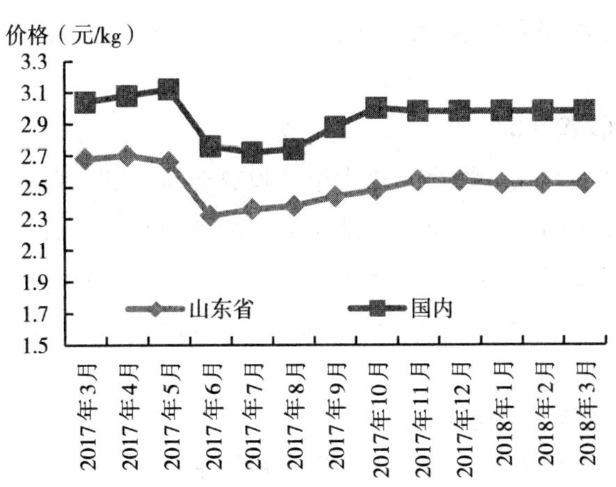

图 5-3　2017 年 3 月至 2018 年 3 月小麦价格对比

注：山东省价格为重点调查县（市）经纪人平均价格；国内价格为广州黄埔港优质麦到港价。

2018 年 3 月山东省小麦苗情不如 2017 年和常年同期，苗情转化升级难度增加。经纪人收购普麦 2.52 元/kg，环比持平，收购量少。面企采购小麦积极性低，收购普麦 2.58 元/kg。面粉价格较稳定，麸皮价格下滑。预计后期普通小麦价格仍将会呈稳中偏弱运行态势。

一、小麦生产情况

2018 年 3 月 5 日对山东春季苗情实地调研结果显示，因小麦播种期间遭遇连续降水天气影响，部分地区小麦播期推迟，晚茬麦面积增加。再加上播种以来降水偏少，部分麦田旱情较重，越冬期间极端低温持续时间长，干旱加严寒的叠加效应导致部分地块小麦茎叶枯黄，弱苗面积增加，壮苗面积减少，总体苗情不如 2017 年和常年同期。据 3 月 10 日对 26 个县（市、区）农田土壤墒情监测统计，全省小麦已灌溉水浇地 0～20 厘米土层相对含水量平均为 78.57%，未灌溉水浇地为 72.39%，旱地为 70.02%，全省麦田墒情适宜。后期需防控小麦“倒春寒”发生。

二、小麦市场情况

2018 年 3 月上旬开始，国内小麦市场购销逐步恢复，用粮企业陆续采购小麦补充库存。由于季节性淡季用量下降，加之政策市场带来的价格风险因素，当前用粮企业普遍压低库存，随采随用。

（一）经纪人收购情况

经纪人信息员反映，因农户手中余粮不多，2018 年 3 月小麦收购量很少，基本收不到，收购普麦价格 2.50～2.54 元/kg，均价 2.52 元/kg，同比下降 5.97%，环比持平。

（二）面企收购情况

进入 3 月以来，政策性小麦拍卖市场投放充裕，加之各级储备粮轮换出库持续展开，流通市场小麦数量呈增加态势。同时面粉消费进入淡季，采购市场粮源补充库存的意愿下降，随采随用保证生产，同时规避价格波动带来的风险。面企日收购小麦在 200～400t，收购普麦价格 2.54～2.62 元/kg，均价 2.58 元/kg，同比下降 5.15%。

（三）面粉及麸皮价格

面企虽陆续恢复生产，但由于市场面粉需求较节前有所减少，整体开工率不高。受学校开学等因素影响，近期国内面粉价格主流仍保持平稳，特一粉 3.12 元/kg、特精粉 3.16 元/kg、雪花粉 3.44 元/kg。成交走货情况一般，经销商拿货量少，终端需求疲软。

随着节后面企开工率的回升，麸皮市场供应量增加，但价格呈下跌态势。麸皮价格 1.42～1.62 元/kg，均价 1.53 元/kg，同比增加 8.57%，环比下降 5%。主要是因为生猪在春节前后集中出栏，养殖企业对于麸皮的采购需求下降，同时温度的上升使得麸皮储存难度加大，致使部分厂家小幅下调出厂成交价。

三、小麦市场动态分析

预计后期普通小麦价格仍将呈稳中偏弱运行态势。一是国家临储小麦库存高企，“接新”前国家政策性小麦拍卖力度预计进一步加大，各级储备粮轮换出库也持续展开，小麦市场总体供给数量增加；二是加工企业受国家政策性小麦拍卖底价将进一步下调传言影响，观望心态加强，采购积极性低；三是终端销售方面由于担心后期原粮价格波动，对于面粉采购备货也较谨慎；四是国内外小麦价差在缩小。

后期需高度关注用粮企业采购动态、地方储备粮出库动态以及天气情况等。小麦流通市场新麦余粮已经有限，国家政策性小麦将成为市场供给的主渠道。受拍卖底价支撑，小麦市场价格下跌的空间有限，对当前仍持有小麦粮源的粮库、经纪人来说，积极出售手中小麦是上策。

第四节　2018 年 4 月山东省小麦市场供需报告

2018 年 4 月小麦价格下跌（表 5-4、图 5-4）。

表 5-4　2017 年 4 月至 2018 年 4 月山东省与国内小麦市场价格（元/kg）

时间		山东省价格	国内价格
2017 年	4 月	2.70	3.08
	5 月	2.66	3.12
	6 月	2.32	2.76
	7 月	2.36	2.72
	8 月	2.38	2.74
	9 月	2.44	2.88
	10 月	2.48	3.00
	11 月	2.54	2.98
	12 月	2.54	2.98
2018 年	1 月	2.52	2.98
	2 月	2.52	2.98
	3 月	2.52	2.98
	4 月	2.42	2.98

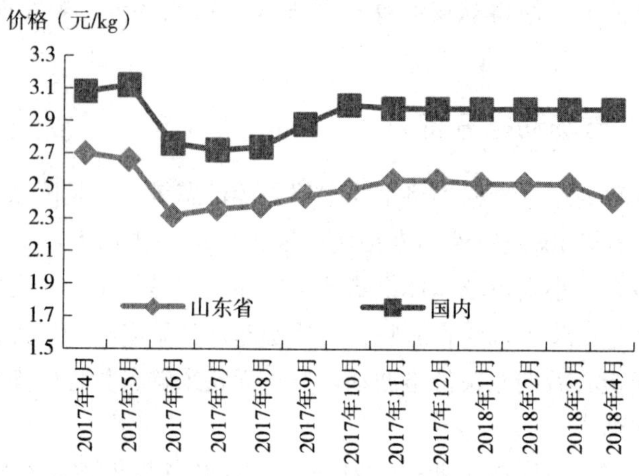

图 5-4　2017 年 4 月至 2018 年 4 月小麦价格对比

注：山东省价格为重点调查县（市）经纪人平均价格；国内价格为广州黄埔港优质麦到港价。

2018 年 4 月初的强降温天气，特别是清明节前后的低温，对山东部分地区小麦的产量形成可能会产生一定影响。本月小麦价格继续下滑，经纪人收购普麦 2.42 元/kg，同比下降 10.37%，环比下降 3.97%，基本无收购量。面企收购普麦 2.50 元/kg，同比下降 8.09%，环比下降 3.1%。面粉和麸皮价格下滑。预计麦收前小麦价格仍持续下行，直至与新麦价接轨。

一、小麦生产情况

4 月初，全国迎来了强降温天气，山东部分地区降幅达 20～28℃，特别是清明节前后的低温，部分地区小麦发生冷害。当时山东鲁东、鲁中及鲁北等地区小麦处在起身期—拔节初期，鲁南、鲁西南大部分地区小麦处于拔节初、中期，那么低温冻害会造成起身期小麦新叶及主茎受冻扭曲干枯，一般会造成减产 20%～30%，严重情况可能减产 50%以上；也可能造成幼穗受冻，生育后期抽不出穗或畸形穗，穗粒数下降，形成“光秆”“秃尖”等，最终减产。

二、小麦市场情况

（一）农户小麦销售情况

2018 年 4 月农户手中基本无粮。

（二）经纪人购销情况

经纪人收购普麦价格 2.36～2.46 元/kg，均价 2.42 元/kg，基本无量。

(三) 面企收购情况

2018 年 4 月 18 日，拍卖底价下调后，各级储备粮轮换出库持续展开，流通市场小麦数量呈增加态势，面粉消费进入淡季，采购市场粮源补充库存的意愿下降。面粉企业收购普麦价格 2.46～2.56 元/kg，均价 2.50 元/kg。

(四) 面粉及麸皮价格

随着面粉消费步入淡季，整体开机率下调，在小麦市场供大于需格局下，麦价下跌，导致面粉价格跟跌。特一粉 3.08 元/kg、特精粉 3.24 元/kg、雪花粉 3.32 元/kg。

麸皮价格持续回落，一般为 1.40～1.50 元/kg，均价 1.46 元/kg，同比增加 1.25%，环比下降 4.08%。麸皮市场供应量有限，加之部分饲料企业增加猪饲料中麸皮的添加用量，预计后期麸皮价格将有反弹趋势。

三、小麦市场动态分析

2018 年 4 月山东小麦价格下跌速度有所放缓，政策粮底价调整对市场的影响已逐渐被消化，持粮主体也普遍放低了心理预期，储备企业出库价格应声下调，与政策粮底价接轨。小麦现货市场呈现明显的政策市，政策粮持续、大量供应市场，用粮主体对后市粮源供应无忧，制粉企业多按需采购，走货速度放缓。

我国小麦市场表现为普通小麦库存量大、供给宽松，而优质小麦量少价高、供给偏紧。受收储制度影响的主要是普麦，而优质小麦主要靠市场调节。此次政策性小麦销售底价再度下调，对优质麦市场影响不大。由于优质麦价格将相对稳定，而普麦受政策粮底价进一步下调影响，走弱概率增大，后期优普麦差价或将进一步拉大。预计后期麦价仍将呈现震荡下行态势。后期需重点关注产区小麦的生长形势。

第五节　2018 年 5 月山东省小麦市场供需报告

2018 年 5 月受新麦陆续上市影响，5 月小麦、面粉价格均偏弱运行（表 5-5、图 5-5）。

表 5-5　2017 年 5 月至 2018 年 5 月山东省与国内小麦市场价格（元/kg）

时间		山东省价格	国内价格
2017 年	5 月	2.66	3.12
	6 月	2.32	2.76
	7 月	2.36	2.72
	8 月	2.38	2.74
	9 月	2.44	2.88
	10 月	2.48	3.00
	11 月	2.54	2.98
	12 月	2.54	2.98
2018 年	1 月	2.52	2.98
	2 月	2.52	2.98
	3 月	2.52	2.98
	4 月	2.42	2.98
	5 月	2.38	2.92

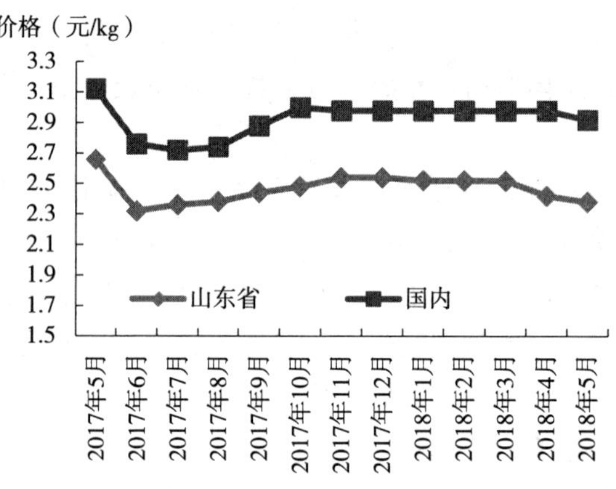

图 5-5　2017 年 5 月至 2018 年 5 月小麦价格对比

注：山东省价格为重点调查县（市）经纪人平均价格；国内价格为广州黄埔港优质麦到港价。

2018 年 5 月小麦市场购销清淡，经纪人收购有价无量，面粉加工企业收购谨慎，调低价格，控制收购量。受前期不良天气影响，预计山东小麦减产。预期“接新”前麦价仍弱势运行，山东地区开秤价 2.0～2.3 元/kg。后期需重点关注天气情况。

一、小麦生产情况

由于小麦前期苗情弱，再加之后期受到不良天气影响，2018 年山东小麦减产。

以山东小麦种植面积最大的地区——菏泽市为例，2018 年 5 月 6 日的统计结果显示：小麦播种面积（统计口径）为 62.48 万 hm^2，比 2017 年减少 0.42 万 hm^2；预计亩产 427.02kg，比 2017 年减少 16.32kg；总产 40.015 亿 kg，比 2017 年减少 1.82 亿 kg。其产量结构为：平均公顷穗数 548.25 万穗，比 2017 年减少 19.65 万穗；穗粒数 487.2 粒，比 2017 年减少 14.55 粒；千粒重 42.32g，比 2017 年增加 1.14g，小麦生产呈现“三减”趋势。

造成山东省小麦减产的主要原因是：一是秋种期间降水较多，晚播小麦面积大，加之入冬时间偏早，造成小麦冬前苗情不如往年，群体不足；二是冬春基本无有效降水，气温变幅大，春季小麦返青较晚，加剧了群体不足，造成亩穗数减少，穗分化时间短，穗粒数减少；三是 4 月 6～7 日，菏泽市遭遇“倒春寒”，麦田遭受不同程度冻害，导致部分麦田不抽穗和幼穗冻死现象，影响了亩穗数和穗粒数；5 月 15～16 日的大风降水天气，造成淄博和滨州等地小麦出现倒伏现象；四是关键技术应用面积不足。良种补贴政策取消后，菏泽市统一供种率下降；浇越冬水和返青拔节水面积小。

二、小麦市场情况

当前小麦市场受供给充足、政策利空、粮麦上市的影响，较往年阶段性压力偏重，麦价持续下行。5 月中旬以来，南方部分麦区新小麦开始上市，由于市场的关注焦点已转向新粮，陈麦市场购销清淡。

（一）经纪人购销情况

经纪人收购普麦均价 2.38 元/kg，有价无量。

（二）面企收购情况

2018 年 5 月接近新麦上市，加工企业调低收购价格，控制陈麦收购量。日收购量 100～200t，面粉企业收购普麦均价 2.44 元/kg。随着普麦价格的下降，优质麦也相应降价。

（三）面粉及麸皮价格

面粉厂收购小麦谨慎，期待新麦上市，并表示不用等待小麦后熟即可加工，部分企业对临储拍卖粮不感兴趣，主要是担心质量问题。随着面粉消费步入淡季，终端需求处于疲软，生产专用粉的加工企业整体开机率在 70%～80%，基本未受影响；以生产普通粉为主的企业，下调开机率为 40%左右。特一粉均价 2.98 元/kg、特精粉 3.12 元/kg、雪花粉 3.3 元/kg。在小麦市场供大于需格局下，麦价下跌，导致面粉价格下调。

麸皮价格持续回落，在 1.40～1.50 元/kg，均价 1.46 元/kg。当前受生猪养殖影响，猪饲料销售不佳，麸皮需求受到影响，麸皮价格平稳运行，面粉企业整体开机率较低，麸皮供应有限，制约价格下跌。

三、小麦市场动态分析

预计“接新”前小麦价格虽然弱势，出现深跌的概率不大。一方面，目前小麦市场粮源已经不多；另一方面，接新前市场高质量小麦剩余量已经很少。再者，2018 年新麦生产仍面临着不利天气的考验，市场对新小麦产量、质量担忧有所增加。一旦不利天气造成新季小麦产量减产或质量受损，市场心理也会相应发生变化。

近日南方小麦夏粮收购工作已经陆续展开，市场心态谨慎，加之小麦最低收购价格的下调、行情的持续偏弱，导致 2018 年收购主体观望心理较重，由于品质不及预期，麦价上行压力较大。2018 年小麦最低收购价执行预案的调整，托市时间的延迟，进一步印证了我国主要粮食品种市场的政策主导地位将逐渐弱化，市场化程度将提高。

如果后期天气良好，预计 2018 年山东地区中等小麦开秤价 2.0～2.30 元/kg，后期随着政策托市粮的开启，价格会上浮。在国家去库存的大环境下，最低收购价小麦收购政策执行更加严格，不符合标准的小麦将很难进入政策库存，2018 年国家最低收购价小麦收购数量或难超过上年。山东或局部地区启动最低收购价，国家在政策性收购上，将充分调动市场收购的积极性，更多地为多元主体市场化收购让出空间。

建议持粮经纪人抓紧时间清理库存，争夺新麦市场的利润。后期应该密切关注天气变化。

第六节　2018 年 6 月山东省小麦市场供需报告

2018 年 6 月山东小麦收割完毕，总体减产。新麦上市，农户惜售，各收购主体积极入市收购，开秤价略低，麦价上涨速度快于 2017 年同期，市场收购进度慢（表 5-6、图 5-6）。

表 5-6　2017 年 6 月至 2018 年 6 月山东省与国内小麦市场价格（元/kg）

时间		山东省价格	国内价格
2017 年	6 月	2.32	2.76
	7 月	2.36	2.72
	8 月	2.38	2.74
	9 月	2.44	2.88
	10 月	2.48	3.00
	11 月	2.54	2.98
	12 月	2.54	2.98
2018 年	1 月	2.52	2.98
	2 月	2.52	2.98
	3 月	2.52	2.98
	4 月	2.42	2.98
	5 月	2.38	2.98
	6 月	2.66	2.66

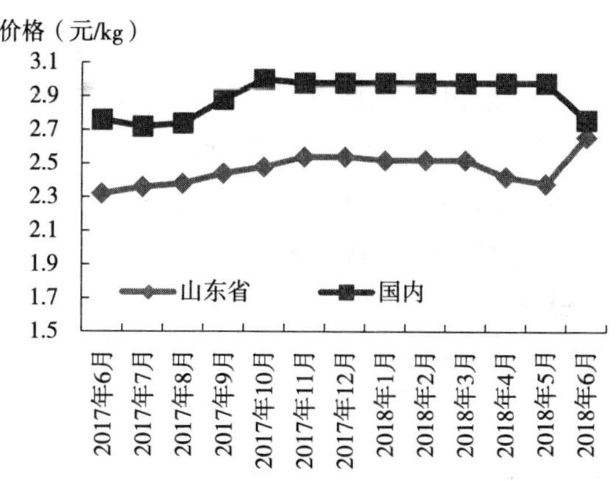

图 5-6　2017 年 6 月至 2018 年 6 月小麦价格对比

注：山东省价格为重点调查县（市）经纪人平均价格；国内价格为广州黄埔港优质麦到港价。

自 2018 年 5 月 25 日开始，山东从南到北小麦陆续收割，截至 2018 年 6 月 19 日，小麦基本收割完毕。受生长期不良天气影响，小麦总体减产。6 月小麦价格上涨速度快于 2017 年同期，市场收购进度慢。预计后期麦价有望继续上涨。

一、小麦生产情况

据山东省农业机械管理局发布信息显示，截至2018年6月19日，山东省小麦机收基本结束，全省完成小麦机收381.13万hm^2、机收率99.49%。为全面掌握2018年小麦收获情况及新麦收购形势，农业农村部小麦全产业链首席分析师和山东省省级分析师赴济宁和菏泽开展实地调研。通过与农业局、粮食局、粮食储备库、面粉企业、种植大户等相关人员座谈和实地考察，以及山东全产业链小麦信息员反映，得知2018年新麦减产10%～30%，减产地块青粒较多，容重降低。2017年山东省一等、二等及三等以上麦分别占21%、35.2%和85.82%；2018年一等、二等麦占比下降，三等及以下麦占比增加。其中，济宁小麦播种面积34.31万hm^2，比2017年增加0.48万hm^2；单产493.6kg，比2017年减少42kg；总产254万t，比2017年减少18万t。从收获情况看，受前期出现的“倒春寒”等连续阴雨天气影响，收获的小麦质量较2017年有所下降。菏泽小麦播种面积62.48万hm^2，比2017年减少0.42万hm^2；亩产427.02kg，比2017年减少16.32kg，总产40.015亿kg，比2017年减少1.815亿kg。小麦减产原因如下。

1. 小麦播期晚 2018年小麦播种期间遭遇连续降水天气，部分地区小麦播期推迟，晚茬麦面积增加；生长期间降水偏少，部分麦田旱情较重；越冬期间极端低温持续时间长，干旱加严寒的叠加效应导致部分地块小麦茎叶枯黄，弱苗面积增加，壮苗面积减少，总体苗情不如2017年和常年同期。

2. 极端天气因素影响 2018年清明节期间，发生了一次严重的大幅度强降温天气过程，部分麦田遭受了冷冻害，受害地块小麦因幼穗枯死而不能抽出，抽出的小麦穗则出现发白枯死或不完整穗，对亩穗数和穗粒数造成严重影响。

3. 小麦成熟期提前 小麦成熟期较常年偏早3d左右，灌浆时间缩短；灌浆期间连阴雨、寡光照；受冻麦田二层穗未完全成熟，造成千粒重减小，导致减产。

二、小麦市场收购特点

由于市场对小麦产量、质量受损预期较强，各收购主体积极性较高，新小麦价格低开后凸现高走，近日各地小麦收购价格呈现新一轮上涨行情，个别地区甚至出现抢粮现象。小麦主要收购特点如下。

（一）开秤价格同比下降

2018年山东省新麦开秤均价为2.24元/kg，同比下降2.6%。

（二）农户惜售心理严重

2018 年小麦减产已是不争事实，预期麦价看涨，加之收获时水分含量低，部分农户自己晾晒后留存，等待时机出售。预计农户存麦有 60%～70%，往年最多存 50%。主要原因是 2017 年小麦托市收购结束后，受市场流通粮源减少影响，小麦供应呈现阶段性偏紧态势，价格逐步走高，个别地区最高涨至 2.60 元/kg 以上。受此影响，目前部分农户存在观望心理，捂粮惜售，待价而沽。

（三）各市场收购主体积极入市

山东省小麦收购主体经纪人、面粉企业和粮食储备库收购活跃。经纪人收购小麦基本是混收混卖，没有细分等级，开秤价 2.24 元/kg，面企收购毛粮 2.30 元/kg。截至 6 月 24 日，经纪人收购价 2.36～2.40 元/kg，均价 2.28 元/kg；面企到厂价 2.42～2.48 元/kg，均价 2.40 元/kg。受周边部分地区小麦减产和赤霉病、出芽粒增加等因素影响，部分省份来山东采购粮源，麦价上涨速度较 2017 年同期快，收购竞争更加激烈。

（四）市场收购进度相对慢

因农户惜售、国家拍卖暂停等因素影响，造成市场上粮源少、价格持续上涨，各市场收购主体收购总量相比 2017 年少。经纪人仓容未满，面企抬价收购，粮食储备企业轮换压力较大。截至 6 月 20 日，山东省共收购小麦 160.65 万 t，同比减少 58.06 万 t，其中国有企业收购 56.26 万 t，同比减少 38.37 万 t。全省小麦收购价格（中等）为 2.416 元/kg。

三、小麦市场动态分析

麦收以来，各市场主体看好后市，收购积极性高涨，主产区品质较好的新麦受到市场主体青睐，但农户惜售心态较强，刺激新麦价格不断上涨，面粉企业新麦收购提价力度较大，呈现用粮主体“买粮难”状况，跨区域流通较为明显。

分析认为，符合质量要求的小麦价格有望继续稳中上行，但其上涨空间相对有限，盲目追高小麦价格存在较大的市场风险。因我国小麦市场整体供需相对宽松，国家政策性小麦库存依旧高企，局部小麦产量、质量的受损不足以影响未来市场的供需大局，尤其在政策预期利空市场的大环境下，小麦价格并不具备大幅上涨的基础。

建议市场经营主体理性收购新麦，控制新麦市场收购节奏，紧抓市场需求前景较好的品种，不可盲目囤粮待涨，避免后期因新麦库存成本增加，难以通过价格上涨消化。

第七节　2018 年 7 月山东省小麦市场供需报告

2018 年 7 月新麦收购市场整体呈现“量缓价稳”格局，优普麦价差呈现扩大态势；新麦收购周期较上年明显拉长，小麦收购量明显下降（表 5-7、图 5-7）。

表 5-7　2017 年 7 月至 2018 年 7 月山东省与国内小麦市场价格（元/kg）

时间		山东省价格	国内价格
2017 年	7 月	2.36	2.72
	8 月	2.38	2.74
	9 月	2.44	2.96
	10 月	2.48	3.00
	11 月	2.54	2.98
	12 月	2.54	2.98
2018 年	1 月	2.52	2.98
	2 月	2.52	2.98
	3 月	2.52	2.98
	4 月	2.42	2.98
	5 月	2.38	2.92
	6 月	2.66	2.66
	7 月	2.38	2.76

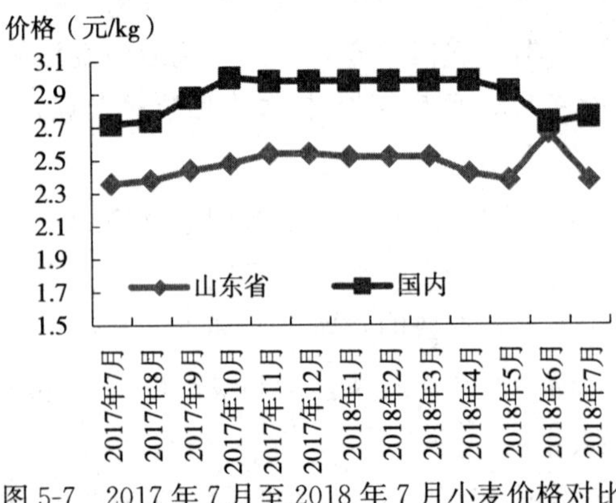

图 5-7　2017 年 7 月至 2018 年 7 月小麦价格对比

注：山东省价格为重点调查县（市）经纪人平均价格；国内价格为广州黄埔港优质麦到港价。

2018年7月小麦市场基本平稳运行，经纪人日收购量不多，面粉企业谨慎收购，在面企成本承受度有限以及政策"去库存""降成本"情况下，麦市贸易在控制市场风险的情况下，建议采取"以销定购"模式，降低囤粮待涨比例。预计后期麦价会继续上涨，但空间有限。

一、小麦收购进展

根据山东省政府的安排部署，2018年7月10～12日，第三督查组成员赴枣庄、临沂两地进行夏粮收购工作督查，通过听取汇报、座谈交流、实地查看等方式，深入细致地对两市夏粮收购工作进行了督导检查，收购进展情况如下。

1. 收购工作进展顺利　枣庄和临沂储备粮收购任务圆满完成。截至7月16日，山东省共收购小麦411.7万t，同比减少55万t，其中国有企业收购153.18万t，同比减少23.62万t。全省小麦收购价格（中等）为2.448元/kg。截至2018年7月10日，枣庄市收购小麦24.88万t，比2017年同期减少0.87万t；临沂市收购小麦43.08万t，其中各级储备粮轮换收购18.11万t，占比42.04%，粮食加工企业收购24.97万t，占比57.96%。

2. 收购的小麦质量好于预期　枣庄已入库的小麦质量，容重高、水分低、杂质少，质量好于预期、好于往年。二等及以上、三等麦占比分别为：96.8%、3.2%，水分在13%之内，不完善粒6%～8%，杂质小于1%。临沂市认真组织2018年新收获小麦质量调查采样工作，上报省级样品种10份，采集市级样品21份进行检验。平均水分9.9%，容重779g/L，三等及以上占比85.7%；不完善粒平均值在5.9%。

3. 收购价格呈低开高走后趋稳态势　小麦开秤以来，各收购主体积极入市收购，2018年6月上旬一度出现抢粮现象，刺激了新麦价格不断上涨。6月1日枣庄市开秤收购价格2.16～2.24元/kg，同比低开0.08元/kg。截至7月10日，经纪人到农户收购价格2.36～2.38元/kg，收储企业收购价格2.42～2.44元/kg，新麦价格呈低开高走趋势。7月2日，郯城收购点毛粮收购价格2.37元/kg，兰陵收购点毛粮收购价2.42元/kg，沂水青援面粉厂收购价2.47元/kg、大仓面粉厂收购价2.50元/kg。受小麦减产超预期，加之安徽、河南、江苏等省小麦质量较往年明显降低，市场质优小麦数量较上年同期减少，各收购主体对高质量小麦的收购积极性较高，新小麦收购价格上涨迅速。跨区域收购明显增多。

二、小麦市场情况

2018 年 7 月小麦收购市场随着各市场主体心态逐步调整，市场购销趋于理性化、正常化。小麦价格已经止涨趋稳，局部地区小幅调整，面企根据收购量和加工需求酌情调整收购价。

1. 经纪人收购情况 经纪人收购三等小麦均价 2.38 元/kg，二等小麦 2.4 元/kg，优质专用小麦 2.60 元/kg。

2. 面企收购情况 面粉企业收购均价 2.44 元/kg，同比增加 1.67%，环比增加 1.79%。目前，面粉厂迫于成本及资金压力，收购心态十分谨慎，继续追高情绪不高。一方面，新季小麦价格上涨，面粉价却难涨；另一方面，由于 2018 年不达标的小麦、芽麦总量较多，饲料粉量增大，导致次粉和标粉、麸皮等副产品价格持续下跌，影响工厂囤货积极性。制粉企业认为当前不适宜大量存储，等待面粉销售情况好转后再做打算。面粉加工企业将自身小麦库存量压缩至最低水平，以降低生产运营成本。

三、2018 年夏粮收购出现的新情况和存在的问题

1. 从收购数量上看，较 2017 年同期有所减少 截至 2018 年 7 月 16 日，山东省共收购小麦 411.7 万 t，同比减少 55 万 t，其中国有企业收购 153.18 万 t，同比减少 23.62 万 t。全省小麦收购价格（中等）为每 50kg122.4 元。

2. 新小麦收购价格上涨迅速，预计全省都不会启动夏粮收购预案 受播种期间干旱、扬花灌浆时期倒春寒和收割阶段降水等多重因素影响，2018 年市场上优质小麦减少，又由于 2018 年各级粮食储备库等多个国有粮食企业进行储备粮轮换，加之安徽、河南、江苏等省质量较往年明显降低，2018 年优质小麦供需格局偏紧，各收购主体对高质量小麦的收购积极性较高，新小麦收购价格短时间内上涨较快。

3. 农户惜售心理增强 受新小麦上市以来高开高走的价格态势影响，加之收购信息不畅，国家粮食购销政策无法快速传达给种粮农民，致使农户持观望状态，普遍存在惜售心理。

4. 粮食外销增大，流通性增强 由于 2018 年枣庄市小麦质量好，收割期早于省内其他地区，跨区收购现象较往年表现突出。周边省份河南、江苏、安徽及省内部分地市因小麦质量问题，到枣庄购置优质小麦数量剧增。主要流向以山东省西北部地区和河北省为主，还有宁夏粮食企业到该市采购。

四、小麦市场动态分析

随着政策对市场影响越来越弱，小麦市场化所发挥的作用越来越大。在我国小麦整体减产的背景下，未来麦价仍有上涨的机会。不过随着2018年8月面粉需求的旺季到来，面粉加工企业原料需求将会加大，经纪人也会选择在此时进行出售，农户惜售心理也逐渐下降，新麦入市的量将进一步加大；目前市场政策并不明朗，国家后期如何进行去小麦库存也是非常值得考量的事情，因此收购主体入市谨慎将抑制麦价上调。预计后期小麦将以常态化收购为主。建议农户和经纪人可适当囤积小麦，最好以优质麦为佳，并且做好保管工作，以便后期能更好出售，对于呕吐毒素超标的小麦最好及时脱手，获得最大的利润。

第八节　2018年8月山东省小麦市场供需报告

2018年8月市场购销回暖，麦价稳中上行（表5-8、图5-8）。

表5-8　2017年8月至2018年8月山东省与国内小麦市场价格（元/kg）

时间		山东省价格	国内价格
2017年	8月	2.38	2.74
	9月	2.44	2.88
	10月	2.48	3.00
	11月	2.54	2.98
	12月	2.54	2.98
2018年	1月	2.52	2.98
	2月	2.52	2.98
	3月	2.52	2.98
	4月	2.42	2.98
	5月	2.38	2.92
	6月	2.66	2.66
	7月	2.38	2.76
	8月	2.42	2.80

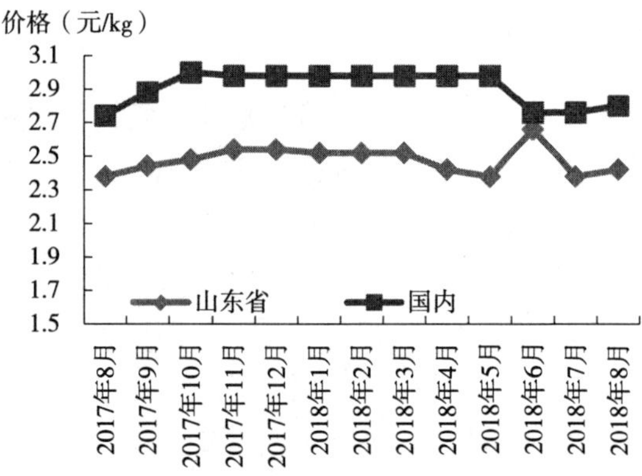

图 5-8　2017 年 8 月至 2018 年 8 月小麦价格对比

注：山东省价格为重点调查县（市）经纪人平均价格；国内价格为广州黄埔港优质麦到港价。

随着天气转凉，以及受开学季和“双节”临近叠加效应影响，2018 年 8 月小麦市场购销活跃度明显提升。面粉订单量增多，开工率提高，面企为补充库存量，上调原粮收购价。个别面粉价格每千克上调 0.02 元，麸皮价格受非洲猪瘟影响，价格下调 0.03～0.04 元/kg，面企利润略下降。

一、小麦收购进展

据山东省粮食局统计，截至 8 月 20 日，山东省共收购小麦 582.4 万 t，同比减少 161.8 万 t。其中，国有企业收购 180.6 万 t，同比减少 93.6 万 t。

二、小麦市场情况

（一）经纪人收购情况

2018 年 8 月小麦价格稳中上涨，均价 2.42 元/kg，同比和环比均上涨 1.47%。菏泽经纪人肖贤斌，8 月 24 日收购价 2.43 元/kg，收购量不大，开学季和中秋节临近，预计价格还要上涨。

（二）加工企业收购情况

随着天气转凉，下游需求趋于好转，小麦市场购销活跃度明显提升；面粉加工企业订单增加，面粉市场走货整体好转，消化小麦库存速度加快，面企相继上调小麦价格以提振到货量，面粉企业开工率整体提高。收购小麦均价 2.49 元/kg。据菏泽面企信息员李文传反映，8 月下旬小麦到厂价 2.52 元/kg，“30”粉由原来 3.20 元/kg 上涨到 3.24 元/kg，麸皮由原来的 1.42 元/kg 下调到 1.36 元/kg，开工率为 80%。潍坊望乡食品加工企业王克臣，收购普通小麦价格 2.48～2.50 元/kg，麸皮价格由原来的 1.48 元/kg 下降到 1.40 元/kg，开工率为 70%。

面粉价格呈现稳中小幅上涨趋势，目前市场刚刚恢复购销，面粉货源相对充足，短期内面粉价格有望继续保持坚挺。麸皮价格稳中缓跌，由于近日各地猪瘟疫情持续发酵，导致麸皮价格快速进入下行通道，市场购销低迷，预计后期随着面粉厂家开工的提升，市场供货量将加大，价格仍有进一步下调的可能。受麸皮市场价格下跌以及小麦加工成本高企等因素影响，面粉加工企业利润有所下降。

三、小麦市场动态分析

每年进入 8 月下旬随着开学季的到来，小麦市场购销相对旺盛，部分制粉企业陆续开始阶段性补库，对产区麦价形成有效的支撑，小麦价格稳中上行。由于市场高质量小麦流通量不多，再加之政策性小麦拍卖仍处于暂停期，质优小麦市场有效供给或面临阶段性考验。未来一段时间预计小麦价格将继续呈现稳中有涨的态势，具有质量优势的新麦，后期或将在面企需求改善提振下，迎来阶段性上涨机会。囤粮者可以根据自身资金情况酌情出货。

第九节　2018 年 9 月山东省小麦市场供需报告

2018 年 9 月，山东小麦价格呈坚挺—平稳—略下滑走势（表 5-9、图 5-9）。

表 5-9　2017 年 9 月至 2018 年 9 月山东省与国内小麦市场价格（元/kg）

时间		山东省价格	国内价格
2017 年	9 月	2.44	2.88
	10 月	2.48	3.00
	11 月	2.54	2.98
	12 月	2.54	2.98
2018 年	1 月	2.52	2.98
	2 月	2.52	2.98
	3 月	2.52	2.98
	4 月	2.42	2.98
	5 月	2.38	2.92

（续）

时间		山东省价格	国内价格
2018 年	6 月	2.66	2.66
	7 月	2.38	2.76
	8 月	2.42	2.80
	9 月	2.44	2.80

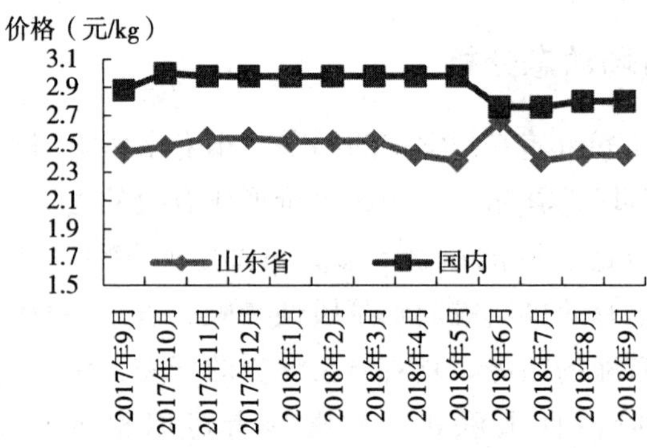

图 5-9　2017 年 9 月至 2018 年 9 月小麦价格对比

注：山东省价格为重点调查县（市）经纪人平均价格；国内价格为广州黄埔港优质麦到港价。

因 2018 年 9 月是学校开学季和跨“双节”，前半月小麦价格顺延 8 月的价格走势，阶段性市场行情表现明显；后半月麦价平稳略下滑。部分经纪人出货积极，面企前期积极备货，后期追涨情绪不高。

一、小麦收购进展

据统计，截至 2018 年 9 月 15 日，山东省共收购小麦 711.2 万 t，同比减少 180 万 t，其中国有企业收购 192.7 万 t，同比减少 102 万 t。

二、小麦市场情况

（一）经纪人收购情况

2018 年 9 月上旬之前，小麦价格稳中上涨，下旬价格有小幅下滑，月均价 2.44 元/kg，环比上涨 1.04%，同比持平。菏泽小麦信息员王玉交表示，9 月 17 日小麦收购价 2.40 元/kg，无量；经纪人肖宪斌表示，收购新麦以来，一直没有出售，等待价格上涨。

（二）面粉企业收购情况

9 月是学校开学季，面粉订单量增多，本月面企收购小麦的价格变化趋势和经纪人方面一致，前半月坚挺，后半月略下调。小麦进厂价在 2.45～2.52 元/kg，均价 2.50 元/kg。9 月 5 日，王金锐收购小麦价格 2.51 元/kg；9 月 11 日，夏立乾收购价 2.46 元/kg。

中秋节之后，面粉市场的提振效应减弱，面粉走货放缓，部分厂家根据产量小幅调整了开机率，受天气转凉及需求小幅回暖的提振，麸皮价格小幅反弹。预计“十一”后随着下游补库订单量增加，麸皮市场看涨氛围浓厚。但 2018 年部分地区出现非洲猪瘟，养殖需求也有一定变化，后期需多关注需求情况。

三、小麦市场动态分析

2018 年从 8 月下旬至 9 月中旬，由于市场需求增加、小麦流通量减少，小麦价格坚挺。9 月中旬以来，普麦价格平稳略下滑，部分经纪人为给玉米收购腾出资金与仓容，加快了小麦出货速度；同时，9 月 26 日，国家最低收购价小麦恢复拍卖，流通市场供应量增加，导致麦价下滑。

进入 10 月后，小麦市场价格或将稳中偏弱，主要原因：一是节日效应对于面粉销售的推动作用将会减弱，面粉企业整体开工率可能小幅回调；二是秋粮收购将会大范围展开，部分经纪人有回笼资金压力，出售小麦意愿较强；三是 2014—2016 年产最低收购价小麦拍卖重新启动后，也将会增加市场流通环节小麦数量。

第十节　2018 年 10 月山东省小麦市场供需报告

2018 年 10 月山东麦价整体平稳，本月下旬局部区域略涨（表 5-10、图 5-10）。

表 5-10　2017 年 10 月至 2018 年 10 月山东省与国内小麦市场价格（元/kg）

时间		山东省价格	国内价格
2017 年	10 月	2.48	3.00
	11 月	2.54	2.98
	12 月	2.54	2.98
2018 年	1 月	2.52	2.98
	2 月	2.52	2.98
	3 月	2.52	2.98
	4 月	2.42	2.98

（续）

时间		山东省价格	国内价格
2018年	5月	2.38	2.92
	6月	2.66	2.66
	7月	2.38	2.76
	8月	2.42	2.80
	9月	2.42	2.80
	10月	2.42	2.82

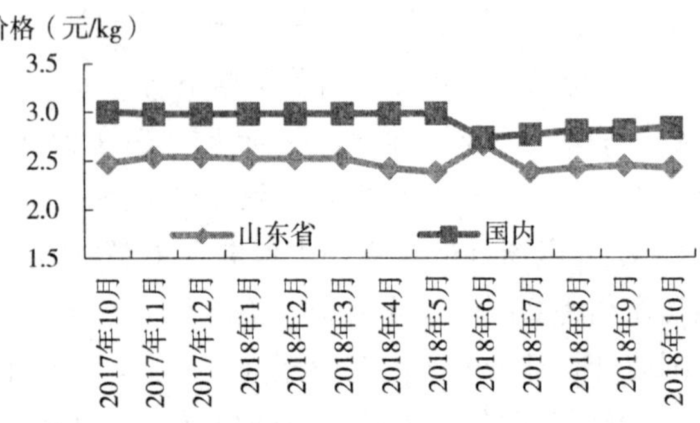

图5-10　2017年10月至2018年10月小麦价格对比

注：山东省价格为重点调查县（市）经纪人平均价格；国内价格为广州黄埔港优质麦到港价。

进入2018年10月以来，小麦价格整体进入一个平稳阶段。经纪人收购小麦量很小，而且收购重点转移到秋粮上，在小麦市场整体宽松背景下，后期小麦价格取决于2017年小麦最低收购价拍卖和即将公布的2019年最低收购价格这两条主线，总体上预计第四季度行情或将会是平稳略涨态势。

一、小麦收购进展

2018年山东小麦收购也呈数量减、购销活、价格稳等特点。截至2018年9月30日，山东省共收购小麦804.6万t，同比减少167万t，其中国有企业收购204.9万t，同比减少92.9万t。2018年小麦最低收购价执行预案启动的范围缩小，小麦收储由政策性收购主导逐渐向市场化收购转变，购销渠道出现了新的变化；随着粮食收储制度改革深入推进，收购期拉长。

二、2018秋季小麦播种情况

据山东省农机局统计，截至2018年10月23日，机播小麦398.07万hm^2、机播率 98.7%，高于 2017 年同期水平。山东大部分麦田处于苗期，大部分农田土壤墒情适宜。

三、小麦市场情况

（一）经纪人收购情况

由于市场化收购明显，托市小麦收购的数量大幅下降，尽管 2018 年小麦减产幅度比较大，但小麦市场供应整体宽松。进入 10 月以来，由于农户大多忙于秋收秋种，经纪人已转向秋粮购销，小麦市场上市量减少。10 月经纪人收购均价 2.42 元/kg，同比下降 2.42%，环比持平。经纪人仍看好后期小麦价格，综合考虑贷款利息、仓储成本等费用，当新麦价格较上市初期上涨 200 元/t 以上时才会考虑出售，2018 年 10 月小麦价格仅较上市初期上涨 150 元/t，当前麦价尚未达到预期水平，因此，售粮积极性不高。

（二）面粉企业收购情况

进入 10 月以来，由于农户及经纪人关注重点已转向秋粮购销，出售小麦的积极性下降，面企到货量减少。再加之受 2017 年政策小麦销售底价较高支撑，部分地区普通小麦收购价格稳中有涨。山东地区 10 月小麦进厂均价 2.48 元/kg，同比下降 1.43%，环比持平。容重 760g/L 以上、水分 12.5%新产普麦收购价菏泽地区 2.48～2.52 元/kg；“济南 17”优质小麦进厂价为2 710元/t。分析认为，后期优质强筋小麦价格还会有一定上涨空间。

2018 年下半年，国内面粉现货价格稳定，虽然成本高但面粉涨价难。节日过后工厂暂未涨价。小麦特一粉价格 3.06 元/kg、特精粉 3.18 元/kg、雪花粉 3.32 元/kg，同比分别下降 1.74%、1.95%、4.25%，环比增减情况是 −0.46%、0.53%和 −0.23%。副产品麸皮价格略降，均价 1.36 元/kg，同比下降 8.36%，环比下降 5.82%。

四、小麦市场动态分析

企业为保障面粉质量，对新季小麦有刚性需求。目前，国家小麦库存非常充裕，调控粮源充足，政策预期支撑减弱，但市场高质量小麦不多，第四季度需求也是一年中相对旺盛时期，可以说小麦价格上有压力、下有支撑。预计高品质新季普通小麦年内价格高点将略高于拍卖粮到厂成本，“优质优价”特征将更为突出。后期小麦价格走势取决于 2017 年小麦最低收购价拍卖和 2019 年最低收购价格这两条主线。因此，后期小麦市场将保持平稳，不会出现大幅上涨，用粮企业可按需理性参与竞拍。

五、建议

2018 年 10 月山东省小麦处于幼苗期，培育壮苗、确保小麦安全越冬是近期小麦生产的关键。一是确保足墒出苗，墒情较差的地段根据墒情和天气情况适时灌溉；二是及时检查苗情，缺苗断垄要及时催芽补种；三是镇压保墒，对秸秆还田或旋耕播种、播后未镇压或镇压质量差的麦田以及旺长麦田，进行苗期镇压，控旺促壮；四是及时化控，春草秋治，及时防治病虫害。

第十一节　2018 年 11 月山东省小麦市场供需报告

2018 年 11 月山东麦价总体平稳略涨，月内部分区域小幅震荡（表 5-11、图 5-11）。

表 5-11　2017 年 11 月至 2018 年 11 月山东省与国内小麦市场价格（元/kg）

时间		山东省价格	国内价格
2017 年	11 月	2.54	2.98
	12 月	2.54	2.98
2018 年	1 月	2.52	2.98
	2 月	2.52	2.98
	3 月	2.52	2.98
	4 月	2.42	2.98
	5 月	2.38	2.92
	6 月	2.66	2.66
	7 月	2.38	2.76
	8 月	2.42	2.80
	9 月	2.44	2.80
	10 月	2.42	2.82
	11 月	2.46	2.98

由于小麦市场流通粮源持续偏紧，2018 年 11 月山东麦价保持稳步增长。11 月 15 日国家再次下调小麦最低收购价，意味着政策对小麦的影响力将不断减弱，小麦市场化的程度会进一步提高。随着临储拍卖交易量的增加，麦价继续上行阻力明显，预计年底前麦价呈平稳略涨态势。

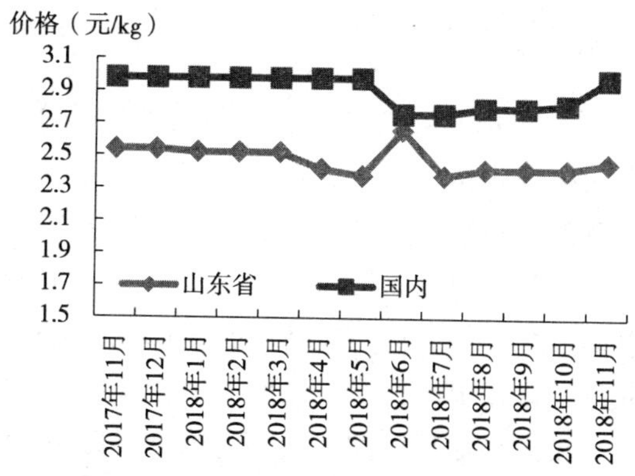

图 5-11　2017 年 11 月至 2018 年 11 月小麦价格对比

注：山东省价格为重点调查县（市）经纪人平均价格；国内价格为广州黄埔港优质麦到港价。

一、小麦生产情况

2018 年 11 月，山东冬小麦处于苗期—分蘖期。据山东省土壤墒情信息显示，截至 2018 年 11 月 10 日，全省农田土壤墒情适宜，有利于冬小麦生长。

二、小麦市场情况

（一）经纪人收购情况

2019 年小麦最低收购价公布后，麦价出现小幅震荡。据山东省小麦产业信息员反映，2018 年 11 月经纪人收购价在 2.36～2.52 元/kg，均价 2.46 元/kg，收购量很小，经纪人大都转向玉米收购。部分粮点经纪人仍囤有一部分小麦库存，但经历了一个多月的小麦缓涨期，对后市小麦上涨幅度已无太高预期，再加上 2019 年小麦保护价再次下调，经纪人囤货意愿将会降低，趁着当前麦价处于高位阶段，可能会加快出货进度，及时锁定利润。

（二）面粉企业收购情况

2018 年，在食品安全、环保压力、市场竞争激烈等因素影响下，进一步加快国内小麦加工业整合力度，面粉加工企业品牌意识提高，生存压力加大自身转型升级力度，从以往的重视产量及“价格战”转变为重视品质及“品牌战”。下游面粉走货不畅，且价格上涨困难，企业加工利润下滑；受国家计划增加政策性小麦投放的影响，部分持粮主体担心后期市场风险和政策风险，出粮意愿较前期增强。11 月山东地区小麦进厂均价 2.54 元/kg。“济南 17”等优质专用小麦进厂价为 2.66 元/kg。小麦特精粉 3.12 元/kg、雪花粉 3.36 元/kg。副产品麸皮价格略涨，均价 1.46 元/kg。

三、小麦市场动态分析

2018年小麦市场购销活跃，总体呈现市场化收购为主、托市收购为辅的局面。预计后期小麦价格总体平稳略涨，但上涨空间有限。一是2018年的小麦产量和质量受自然灾害的影响，出现了不同程度的减产，给市场的供应造成了一定的影响；二是春节期间是面粉的消费高峰，随着面粉销售的高峰，厂家在很大程度上为保证市场的供应从而提高自己的收购价格；三是中美贸易战影响了小麦的进口数量，这在很大程度上保证了小麦市场的价格；四是政策粮小麦库存充实，受国家投放小麦数量加大，小麦拍卖成交回暖的影响，市场不会出现大规模的缺粮现象，小麦价格涨幅受限。

对于经纪人来说，如果库存较小且以普麦为主，可选择适时出粮，抽出资金和场地转战玉米市场；库存较高且质量好的小麦，可选择暂不出售。

随着夏季的到来，天气越来越热，不利于麸皮保存，也打压了经销商和饲料厂的订货热情。因贸易战有升温可能，粕类原料上涨，利于麸皮行情，加之麸皮市场供应量有限，同时饲料企业增加猪饲料中麸皮的添加用量，预计后期麸皮价格有反弹趋势。

我国小麦市场总体库存量大，供给宽松，优质专用小麦量少价高，供给偏紧。受收储制度影响的主要是普麦，而优质小麦主要靠市场调节。麦收前的政策性小麦销售底价下调，主要是普麦受政策影响，4月开始麦价走弱。

随着新季小麦上市量的不断增加，市场采购重心是新麦，陈麦市场的购销相对较少。山东新麦上市后，农户惜售，由于市场质优小麦数量较2017年同期减少，各收购主体对高质量小麦的收购积极性较高，导致6月小麦价格一路走高，且跨区跨省收购明显，托市收购难启动。新麦收购进度同比慢，截至6月20日，山东收购179.5万t，同比减少88.7万t。山东和河北地区小麦价格高于其他主产区。目前部分地区价格已升至高位，后期上涨空间将会受到抑制。虽然高质量小麦价格有望继续保持坚挺，但也很难大幅脱离最低收购价这一尺度。

2018年，山东地区如果托市收购不能启动的话，那么政策性收购对市场的支撑作用将会消逝，因此，小麦价格也不具备大幅上涨的动力。目前国家暂停托市小麦的投放，市场上的加工粮源主要来自新麦的供应，供需格局偏紧是当前及未来一段时期的现实状况。托市小麦如果开始恢复投放，小麦的市场价格会出现明显变化。预计后期小麦价格将总体以稳为主，个别地区或有小幅波动。

四、建议

对于农户，建议在价格达到心理预期后就及时出手。对于经纪人，可以根据周边市场情况采取分批销售的办法，先锁定基础收益，再谋求更多利润，将市场行情波动的风险降至最低。

第十二节　2018 年 12 月山东省小麦市场供需报告

2018 年 12 月山东麦价总体运行平稳，局部地区略降（表 5-12、图 5-12）。

表 5-12　2017 年 12 月至 2018 年 12 月山东省与国内小麦市场价格（元/kg）

时间		山东省价格	国内价格
2017 年	12 月	2.54	2.98
2018 年	1 月	2.52	2.98
	2 月	2.52	2.98
	3 月	2.52	2.98
	4 月	2.42	2.98
	5 月	2.38	2.92
	6 月	2.66	2.66
	7 月	2.38	2.76
	8 月	2.42	2.80
	9 月	2.44	2.80
	10 月	2.42	2.82
	11 月	2.46	2.98
	12 月	2.44	2.88

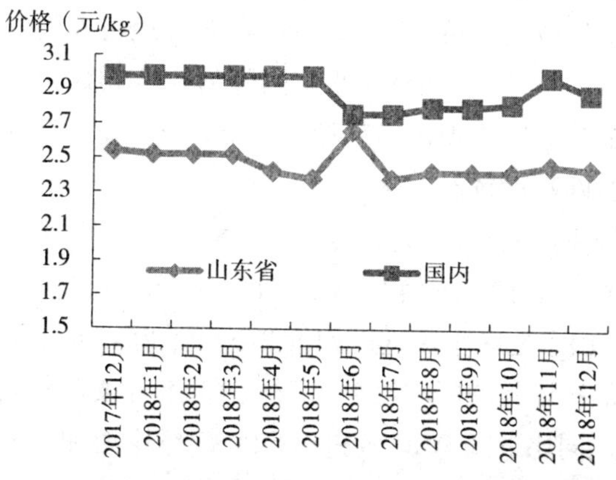

图 5-12　2017 年 12 月至 2018 年 12 月小麦价格对比

注：山东省价格为重点调查县（市）经纪人平均价格；国内价格为广州黄埔港优质麦到港价。

2018年12月，山东地区小麦价格整体运行平稳，但局部地区价格小幅回落。政策性小麦拍卖成交数量持续下滑，“双节”临近，需求回暖不明显，面企补库心态弱于往年。

一、小麦生产情况

12月山东小麦处于越冬期。2018年山东省小麦冬前苗情较好，是近几年来苗情较好的一年。主要表现为：一是群体合理，个体比较健壮。全省平均每公顷茎数1 026万条，单株分蘖3.48个，单株叶片数5.26片，单株次生根4.93条，分别比2017年增加5万、0.37个、0.24片、0.51条。二是一类苗、旺苗面积扩大，二类、三类苗面积减少。全省麦田一类苗所占比例为51.47%，比2017年增加5.9%；二类苗所占比例为38.23%，比2017年减少4.65%；三类苗所占比例为9.63%，比2017年减少3.77%；旺苗所占比例为5.32%，比2017年增加2.52%。

存在的不利因素主要有：一是旺长面积较大。据气象部门统计，2018年10月1日至12月18日，全省平均积温749.3℃，较常年偏多55.5℃，导致部分播期偏早、播量偏大地块植株密集，群体偏大，旺长趋势明显。二是部分秸秆还田地块，土壤松暄，存在着遭受低温冻害的风险。三是部分地块病虫草害较重，尤其是个别地块纹枯病、茎基腐病和地下害虫发生程度较重，病虫越冬基数较大。

二、小麦市场情况

（一）经纪人收购情况

据山东省小麦产业信息员反映，2018年12月经纪人收购价在2.36～2.50元/kg，均价2.44元/kg，收购量很小。因面粉企业收购价下调，经纪人收购价也随之下降。滨州地区小麦价格最低，潍坊、青岛等地麦价相对较高。

（二）面粉企业收购情况

由于小麦市场供给充足，制粉企业采购谨慎，旺季不旺的阶段市场特征表现明显。企业方面对年前市场信心不足，因此不得不在原料采购成本上做文章。2018年12月山东地区小麦进厂均价2.50元/kg，同比下降3.21%，环比下降1.06%。“济南17”进厂均价为2.58元/kg。小麦特精粉3.20元/kg，雪花粉3.38元/kg，同比下降0.93%和4.52%，环比增加1.98%和0.7%。副产品麸皮价格略降，均价1.42元/kg，麸皮价格下降的主要原因是受近期玉米价格下跌的影响。

三、小麦市场动态分析

虽然临近“双节”，但节日市场的拉动效应已不十分明显，出现旺季不旺的市场特征。在国内小麦供给总量充足以及政策对麦价支撑效应弱化的情况下，预计 2019 年春节前后的小麦价格将会以稳为主。主要原因是政策性小麦投放将会保持高位，经纪人小麦出库也将会相对积极，小麦市场供给充足。

在需求尚未明显改观的大环境下，同时，受 2019 年 1 月后国家政策性小麦拍卖底价有下调可能的传言影响，市场观望心态增强，部分企业采购政策性粮源有所放缓。

第十三节　2018 年山东省小麦市场研究简报

一、2018 年第一季度山东小麦市场分析（第一期 2018 年 4 月 2 日）

山东小麦因播期晚、有效降水少，越冬期间极端低温持续时间长等影响，壮苗面积减少，总体苗情不如 2017 年和常年同期。据 3 月 20 日的农田土壤墒情监测，全省麦田墒情适宜。

自 2018 年 1 月 8 日国家粮食交易中心公布了调整部分政策性小麦销售底价后，小麦价格从坚挺状态开始回落，季度均价 2.52 元/kg，环比上涨 0.4%，同比下降 3.82%。春节前由于政策调整和临近年末，持粮主体售粮愿望强烈；2 月底小麦市场购销逐渐恢复，但市场购销清淡，国家政策性小麦投放和地方储备企业出库积极性相对较高，但成交量下降，制粉企业受面粉消费疲软影响采购并不积极。目前，小麦市场较为低迷，价格稳中偏弱运行。国内面粉市场行情整体弱势运行，随着面粉行业产能的迅猛扩展以及国内消费结构升级，制粉企业已呈现规模化及区域化，面粉市场竞争激烈，中小企业生存空间被压缩，面粉价格稳中偏弱运行，面粉市场旺季不旺特征明显。麸皮价格下跌幅度明显，一是气温的升高，制粉企业急于清库而降价出售；二是饲料市场需求处于季节性淡季，下游终端需求疲软，加之生猪价格一路走低，加剧养殖业对高价麸皮的抗拒心理。预计后期普麦价格仍将会呈稳中偏弱运行态势。后期需高度关注用粮企业采购动态、地方储备粮出库动态及天气情况等。

二、异常天气对小麦生产及市场影响（第二期 2018 年 4 月 7 日）

2018 年 3 月，全国大部地区气温偏高 2～4℃，由于气温回升，小麦进入快速分蘖返青、起身拔节阶段；刚进 4 月，全国大部分地区就迎来了大幅度降温天气。山东省鲁东、鲁中及鲁北等地区小麦处在起身期—拔节初期，鲁南、鲁西南大部分地区小麦处于拔节初、中期。近期的异常天气对山东省小麦生长会产生一定影响。

（一）高温对小麦生长的影响

3 月的超高气温，对小麦生长产生的影响：一是茎间细胞伸长过快，植株第一、二节过长，壁薄，抗倒伏性能降低；二是穗分化进程加快，对大穗、多穗形成不利；三是植株生长迅速，抗寒能力下降。另外，较高的气温，也会使小麦病虫害发生速度加快。

（二）低温对小麦生长的影响

进入 4 月，全国迎来了强降温天气，山东部分地区降幅达 20～28℃，特别是清明节前后的低温，小麦极有可能发生冷害。低温冻害会造成起身期小麦新叶及主茎受冻扭曲干枯，一般会造成减产 20％～30％，严重情况可能减产 50％以上；也可能造成幼穗受冻，生育后期抽不出穗或畸形穗，穗粒数下降，形成“光秆”“秃尖”等，最终减产。

一旦发生冻害，要及时采取减灾措施：一是抓紧追肥浇水，对遭受冻害的麦田抓紧追施速效化肥，一般结合浇水每亩追施尿素 10～20kg；二是叶面喷施植物细胞膜稳态剂、复硝酚钠等植物生长调节剂，促进中小蘖迅速生长和潜伏蘖早发快长，减轻亩穗数和穗粒数下降幅度。

4 月是小麦条锈病、赤霉病等病虫害发生流行的关键时期，随着气温回升和小麦快速生长，小麦病虫害陆续进入发生高峰期，要加强病虫监测，及时科学防控。

（三）小麦市场情况

山东小麦市场受供需充裕、需求减弱及政策重心下移影响，行情平稳偏弱，制粉企业采购心态谨慎，国家政策性小麦成交重返低位。国际市场小麦供给充足，出口竞争激烈。预计后期普麦价格仍会呈稳中偏弱运行，质优小麦价格相对坚挺，需高度关注政策性小麦销售价格是否调整、新季小麦生长变化等情况。

三、2018 年山东省小麦收获情况及收购形势分析（第三期 2018 年 6 月 17 日）

山东省麦收接近尾声。截至 2018 年 6 月 17 日下午 4 点，全省累计收获小麦 375.8 万 hm^2，占应收面积的 97％。其中，济南、淄博、枣庄、东营、济宁、泰安、日照、莱芜、临沂、德州、聊城、滨州、菏泽 13 市麦收结束，潍坊过九成，青岛过七成，烟台过半，威海过一成。为全面掌握 2018 年小麦收获情况及新麦收购形势，农业农村部小麦全产业链首席分析师和山东省省级分析师赴济宁和菏泽开展实地调研，具体情况如下。

（一）小麦收获情况

1. 收获面积、产量及质量　通过与农业相关部门、粮食局、粮食储备库、面粉企业、种植大户等相关人员座谈和实地考察，以及山东省全产业链小麦信息员反映，2018 年新麦减产 10%～30%，减产地块青粒较多，容重降低。2017 年山东省一等、二等及三等以上麦分别占 21%、35.2% 和 85.82%；2018 年一等、二等麦占比下降，三等及以下麦占比增加。其中，济宁市小麦播种面积 34.31 万 hm^2，比 2017 年增加 0.48 万 hm^2；单产 493.6kg，比 2017 年减少 42kg；总产 254 万 t，比 2017 年减少 18 万 t。从收获情况看，受前期出现的倒春寒等连续阴雨天气影响，收获的小麦质量较 2017 年有所下降。菏泽市小麦播种面积 62.49 万 hm^2，比 2017 年减少 0.424 万 hm^2；亩产 427.02kg，比 2017 年减少 16.32kg，总产 40.015 亿 kg，比 2017 年减少 1.82 亿 kg。

2. 小麦减产原因

（1）小麦播期晚：小麦播种期间遭遇连续降水天气，部分地区小麦播期推迟，晚茬麦面积增加；生长期间降水偏少，部分麦田旱情较重；越冬期间极端低温持续时间长，干旱加严寒的叠加效应导致部分地块小麦茎叶枯黄，弱苗面积增加，壮苗面积减少，总体苗情不如 2017 年和常年同期。

（2）极端天气因素影响：2018 年清明节期间，发生了一次严重的大幅度强降温，部分麦田遭受了冷冻害，受害地块小麦因幼穗枯死而不能抽出，抽出的小麦穗则出现发白枯死或“不完整穗”，对亩穗数和穗粒数造成严重影响。

（3）小麦成熟期提前：小麦成熟期较常年偏早 3d 左右，灌浆时间缩短；灌浆期间连阴雨、寡光照；受冻麦田二层穗未完全成熟，造成千粒重减小，导致减产。

（二）山东省小麦市场收购特点

随着主产区小麦自南向北收获的快速推进，新麦上市量逐步增加。由于市场对小麦产量、质量受损预期较强，各收购主体积极性较高，新小麦价格低开后高走，近日各地小麦收购价格呈现新一轮上涨行情，个别地区甚至出现抢粮现象。小麦主要收购特点如下。

1. 开秤价格同比下降　2018 年山东省新麦开秤均价为 2.24 元/kg，同比下降 2.6%。

2. 农户惜售心理严重 2018 年小麦减产已是不争事实，预期麦价看涨，加之收获时水分含量低，部分农户自己晾晒后留存，等待时机出售。预计农户存麦有 60%～70%，往年最多存 50%。

3. 各市场收购主体积极入市 山东省小麦收购主体经纪人、面粉企业和粮食储备库收购活跃。经纪人收购小麦基本是混收混卖，没有细分等级，开秤价 2.24 元/kg，面企收购毛粮 2.30 元/kg。截至 2018 年 6 月 14 日，经纪人收购价 2.34～2.38 元/kg，面企到厂价 2.42～2.46 元/kg，麦价上涨速度较 2017 年同期快。

4. 市场收购进度相对慢 因农户惜售、国家拍卖暂停等因素影响，造成市场上粮源少，价格持续上涨，各市场收购主体收购总量相比 2017 年少。经纪人仓容未满，面企抬价收购，粮食储备企业轮换压力较大。据中央储备粮菏泽直属库曹县分公司负责人表示，2017 年轮换 4.15 万 t，同期完成 1.5 万 t，36 天完成轮换；2018 年需轮换 4.36 万 t，目前完成7 379t，完成总数的 13%，轮换压力较大。

（三）小麦市场动态分析

麦收以来，各市场主体看好后市，收购积极性高涨，主产区品质较好的新麦受到市场主体青睐，但农户惜售心态较强，刺激新麦价格不断上涨，面粉企业新麦收购提价力度较大，呈现用粮主体“买粮难”状况，跨区域流通较为明显。

分析认为，符合质量要求的小麦价格有望继续稳中上行，但其上涨空间相对有限，盲目追高小麦价格存在较大的市场风险。因我国小麦市场整体供需相对宽松，国家政策性小麦库存依旧高企，局部小麦产量、质量的受损不足以影响未来市场的供需大局，尤其在政策预期利空市场的大环境下，小麦价格并不具备大幅上涨的基础。此轮新麦价格的上涨，后期能否延续需要市场的观察。

建议市场经营主体理性收购新麦，控制新麦市场收购节奏，紧抓市场需求前景较好的品种，不可盲目囤粮待涨，避免后期因新麦库存成本增加，难以通过价格上涨消化。

第十四节 2018 年山东省小麦市场形势总体分析

一、小麦最低收购价及小麦市场走势

（一）2006 年以来小麦最低收购价情况

从表 5-13 中可以看出，2006—2014 年，国家最低收购价格一直上调，呈

直线增长态势，从1 380元/t上调到2 360元/t，从1.38元/kg涨到2.36元/kg，增长0.98元/kg；2014—2017年保持稳定，2018年开始下调，每50kg下调3元钱；2019年持续下调至2.24元/kg。近几年国家持续下调小麦最低收购价格，在保障粮食安全的情况下，让小麦逐渐市场化收购。

表5-13　2006年以来小麦最低收购价（元/t）

时间	白小麦	红小麦	混合麦	公布时间	说明
2006	1 440	1 380	1 380		
2007	1 440	1 380	1 380		持平
2008	1 540	1 440	1 440		上调
2009	1 740	1 660	1 660		上调
2010	1 800	1 720	1 720	2009年10月13日	上调
2011	1 900	1 860	1 860	2010年10月12日	上调
2012	2 040	2 040	2 040	2011年9月28日	上调
2013	2 240	2 240	2 240	2012年9月29日	上调
2014	2 360	2 360	2 360	2013年10月12日	上调
2015	2 360	2 360	2 360	2014年10月16日	持平
2016	2 360	2 360	2 360	2015年10月12日	持平
2017	2 360	2 360	2 360	2016年10月21日	持平
2018	2 300	2 300	2 300	2017年10月27日	下调
2019	2 240	2 240	2 240	2018年11月15日	下调

（二）近年小麦价格走势分析

从图5-13可以看出，国内价格和山东普麦价格变化趋势基本一致，国内小麦销区价格远远高于山东地区，前者比后者高出0.28～0.66元/kg，因国内优质麦销区价格主要是“济麦17”在广州黄埔港的价格，从主产区小麦流向分析，价格走势与山东主产区的价格较为相似。监测小麦价格发现，在2015年10月、2016—2018年的6月均是山东麦价处于低谷时期，因每年6月，是山东地区新麦集中上市阶段，由于水分含量高及农户售粮习惯等因素影响，大量的小麦进入市场，导致麦价下滑。随着时间推移，直到次年的5月，麦价基本上是逐渐上升。在麦价的拐点处，国内优质麦销区价格变化比山东地区麦价变化显得平稳，并且有一定的持续期，说明山东地区小麦市场在国内来讲，变化比较敏感。

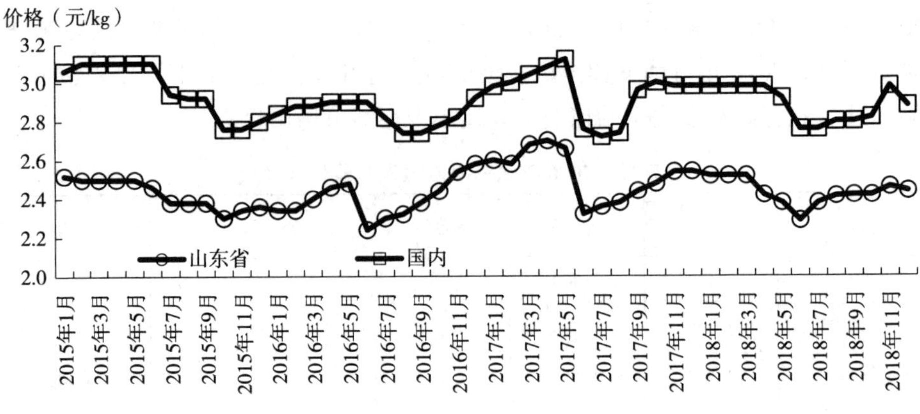

图 5-13　2015—2018 年普麦价格变化趋势

（三）不同收购主体、不同区域小麦价格比较

从图 5-14 中可以看出，国有粮食企业收购小麦价格显著高于个体粮商，2016 年的收购价格最低，2018 年收购价格最高。2016 年国有粮食企业与个体粮商收购价格差异较大，在 0～0.058 元/kg，2017 年价差在 0～0.048 元/kg，2018 年收购价差 0～0.030 元/kg。总体趋势是随着时间推移，收购价格平稳上涨，上涨幅度 2018 年>2017 年>2016 年，主要原因：一是 2018 年山东地区未启动最低收购价预案，市场化收购程度高；二是 2018 年度小麦普遍减产，市场上优质粮源少，再加之农户惜售，造成市场价格相对高。

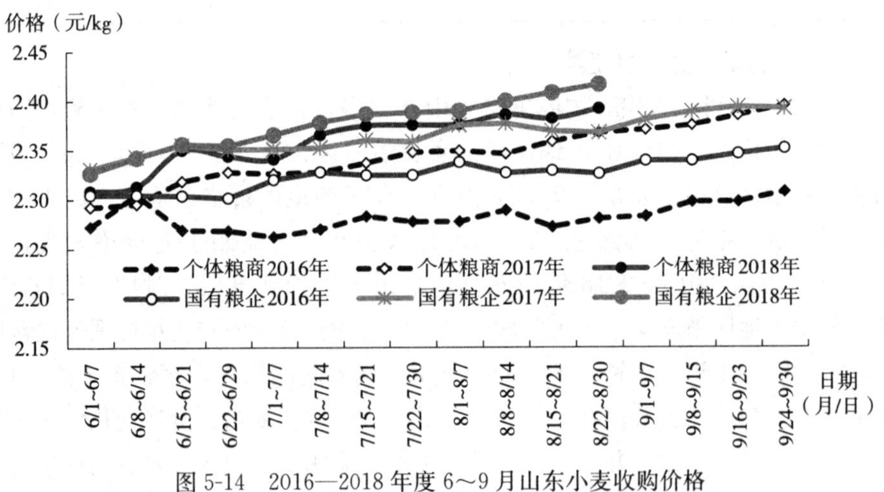

图 5-14　2016—2018 年度 6～9 月山东小麦收购价格

二、2018年山东省小麦市场收购特点

由于受江苏、安徽、河南等周边省份小麦减产、小麦质量较差的影响，2018年山东省的夏粮收购呈现出新小麦价格低开高走、市场收购主体积极性高涨、农户惜售、收购的小麦质量好于预期、收购工作进展顺利等特点。

（一）收购价格呈低开高走态势

2018年，山东省新麦开秤均价为2.24元/kg，同比2017年的2.30元/kg，下降2.6%。小麦开秤以来，各收购主体积极入市收购，6月上旬一度出现抢粮现象，刺激了新麦价格不断上涨。进入7月以后，小麦价格上涨幅度缩小，截至2018年7月25日，经纪人到农户收购价格2.36～2.40元/kg，面粉企业收购价格2.44～2.50元/kg。优普麦价差扩大，面企收购优质专用小麦2.62～2.72元/kg。

（二）各入市主体收购积极

山东省小麦收购主体经纪人、面粉企业和粮食储备库收购活跃。经纪人收购小麦基本是混收混卖，没有细分等级，开秤价2.24元/kg，面企收购毛粮2.30元/kg。受周边部分地区小麦减产和赤霉病、出芽粒增加等因素影响，部分省份来山东采购粮源，麦价上涨速度较2017年同期快，收购竞争更加激烈。

（三）农户惜售心理严重

2018年小麦减产已是不争事实，预期麦价看涨，加之收获时水分含量低，部分农户自己晾晒后留存，等待时机出售。主要原因是2017年小麦托市收购结束后，受市场流通粮源减少影响，小麦供应呈现阶段性偏紧态势，价格逐步走高，个别地区最高涨至2.60元/kg以上。受此影响，目前部分农户存在观望心理，捂粮惜售，待价而沽。

（四）收购的小麦质量好于预期

从各地入库的小麦质量看，2018年的小麦质量好于往年。如枣庄市，已入库的小麦质量好，容重高、水分低、杂质少，质量好于预期、好于往年。二等及以上、三等麦占比分别为：96.8%、3.2%，水分在13%之内，不完善粒在6%～8.0%，杂质小于1%。临沂市对新收获小麦进行了质量采样检验，平均水分9.9%，容重779g/L，三等及以上占比85.7%；不完善粒平均值在5.9%；硬度指数平均值63，与2017年总体一致。

（五）收购工作进展顺利

山东省政府高度重视夏粮收购，把夏粮收购当作一项重要的政治任务来抓。抓好粮食收购既是落实粮食安全省长责任制的要求，也是实现区域粮食市

场稳定的基础，更是保障农民切身利益的具体体现。一是传达学习夏粮收购政策；二是成立夏粮收购领导小组；三是执行联席会议制度；四是提前部署，夏粮收购准备工作到位。

三、2018 年夏粮（小麦）收购出现的新情况

（一）收购数量较去年同期有所减少

截至 2018 年 8 月 10 日，山东省共收购小麦 545.46 万 t，同比 2017 年的 670.66 万 t 减少 125.2 万 t，下降 18.7%。其中，国有企业收购 178.42 万 t，同比 2017 年的 250.02 万 t 减少 71.6 万 t，下降 28.6%。

（二）优质粮源减少、价格上涨较快

2018 年市场上优质小麦减少，加上 2018 年各级粮食储备库等多个国有粮食企业要进行储备粮轮换，各收购主体对高质量小麦的收购积极性较高，新小麦收购价格上涨较快。2014—2017 年山东大部分地区均启动夏粮托市收购，根据 2018 年的市场价格走势，山东地区未启动夏粮托市收购预案。优质粮源减少、价格上涨较快。

（三）农户依然存有惜售心理

受全国小麦减产超预期、新小麦上市以来价格不断上涨的态势影响，部分农户持观望状态，惜售心理趋重。在调查的农户中，有 50%左右存麦待涨。

（四）外销增加、流通性增强

因 2018 年河南、江苏、安徽等周边麦区小麦减产、质量较往年明显降低，市场优质小麦数量较上年同期减少。因此，周边省份跨区域收购现象较往年突出。从枣庄市的货车帮物流平台信息显示，进入 6 月，该市向河北石家庄、衡水、邢台、沧州和山东省菏泽、聊城、德州、潍坊、泰安、莱芜等地发送新麦的信息明显增多，仅 6 月 4 日，枣庄地区外运小麦数量就达 1 万余 t。

四、小麦市场动态分析

随着政策对市场影响越来越弱，小麦市场化所发挥的作用越来越大。随着 2018 年 8 月面粉需求旺季的到来，面粉加工企业原料需求将会加大，经纪人也会选择在此时进行出售，农户惜售心理也逐渐下降，新麦入市的量将进一步加大，国家后期如何进行去小麦库存也非常值得关注。分析认为，后期符合质量要求的小麦价格有望继续稳中上行，但其上涨空间相对有限，盲目追高小麦价格存在较大的市场风险。因我国小麦市场整体供需相对宽松，国家政策性小麦库存依旧高企，局部小麦产量、质量的受损不足以影响未来市场的供需大

局，尤其在政策预期利空市场的大环境下，小麦价格并不具备大幅上涨的基础。2018 年 11 月 15 日，国家再次下调小麦最低收购价，意味着政策对小麦的影响力将不断减弱，小麦市场化的程度会进一步提高。

五、未来发展思路

（一）推进小麦最低价政策改革

国家制定小麦最低收购价政策，是为了保护农民的收益，保证农民种粮积极性。在小麦商品化生产趋势日益明显的情况下，种地成本过高，特别是地租过高等问题已引起广泛关注，如果能降低种地成本，可适当抵消最低收购价下调带来的农民收益减少问题。适当下调最低收购价，使“麦强粉弱”的状况将得到有效改善，提升面粉企业的竞争力，使小麦全产业链更加健康、可持续发展，同时也有利于应对国外低价小麦对国内市场的冲击。从长远看，建议实施“价补分离”方案。逐步降低最低收购价格的方案，是利用价格扭曲政策来稳定市场，将严重损害我国小麦的国际竞争力。从近期看，主要根据市场供求状况进行调低或调高最低收购价的政策，并根据当年新麦上市品质、市场供求状况等情况选择执行最低价、国库入市收储的时间窗口。

（二）逐步完善粮食生产的配套政策

现行最低收购价被赋予过多的政策职能，在粮食价格市场化程度不断提高、国内外价格联动日益显著的新形势下，不同的政策目标很难兼顾。需要将最低收购价格政策回归到解决农民“卖粮难”的政策目标上，也需要采取相应配套支持政策解决。

（三）加强农业监测预警研究

建立统筹产前、产中、产后，生产、流通、消费产业链各环节的全产业链农业信息分析预警机制，建设全产业链农业分析预警团队，面向市场，建立健全农产品市场信息服务体系，及时了解国内外市场行情，有效研判市场走势，合理引导市场预期，形成分析反应快速、信息内容全面、预测判断准确的工作格局，着力解决生产需求信息不对称，流通服务不畅等造成的区域性、结构性农产品买卖难问题。

第六章 山东省小麦产业发展分析与展望（2016—2020）

第一节 产业现状

山东省是我国小麦生产第二大省，2003—2014 年全省小麦总产量实现了 12 连增。山东省小麦产业的发展具有产量潜力高、生产技术水平高、品质优良、加工能力强等突出特点和优势。未来小麦生产在品种和技术方面尚有较大增产潜力可挖，但不同区域间小麦产量水平和增产潜力存在显著差异。

一、播种面积、总产量及单产水平均呈逐年上升趋势

据统计，山东省近年来小麦年均种植面积 363.33 万 hm^2、平均总产 215.3 亿 kg、亩产 396.5kg，种植面积、单产及总产量均呈逐年上升趋势（表 6-1）。

表 6-1 2010—2017 年山东省小麦播种面积及总产量状况

时间	播种面积（万 hm^2）	单产（kg/hm^2）	总产量（万 t）
2010	356.187	5 779.50	2 058.58
2011	359.353	5 854.50	2 103.83
2012	362.587	6 010.50	2 179.33
2013	367.327	6 040.50	2 218.84
2014	374.020	6 052.50	2 263.76
2015	379.983	6 175.50	2 346.59
2016	383.027	6 121.20	2 344.58
2017	384.521	6 109.65	2 349.29

近年来，山东省小麦种植面积约占全国小麦种植面积的 15%，总产占全国总产的 18%，单产水平处全国首位，较全国平均单产高出近 20%。山东省小麦种植主要集中于鲁西、鲁南及胶东平原地区，种植面积较大的地市有德州、潍坊、临沂、济宁、聊城、菏泽，种植面积均超过 30 万 hm^2，单产最高

的地市为德州市，平均每公顷产量为7 090.69kg（表 6-2）。

表 6-2　2017 年山东省各地小麦播种面积及产量状况

地市	面积（hm^2）	单产（kg/hm^2）	总产量（万 t）
济南	209 820.00	6 050.45	126.95
青岛	227 580.00	5 554.41	126.41
淄博	102 900.00	6 525.77	67.15
枣庄	143 026.67	6 096.77	87.20
东营	90 041.40	6 121.65	55.12
烟台	117 028.27	5 101.30	59.70
潍坊	323 769.53	6 185.27	200.26
济宁	332 300.00	6 653.93	221.11
泰安	169 316.60	6 969.45	118.00
威海	49 619.99	3 637.75	18.05
日照	59 362.46	5 651.63	33.55
莱芜	6 720.00	5 226.60	3.51
临沂	300 605.33	5 994.13	180.19
德州	487 893.33	7 090.69	345.95
聊城	409 986.67	6 602.65	270.70
滨州	249 113.33	6 600.19	164.42
菏泽	594 686.67	6 318.45	375.75

二、不同区域间小麦产量水平和增产潜力差异显著

山东省气候资源丰富，依据不同地理位置及灌溉条件，可将小麦产区分为鲁西黄灌区、鲁北井灌区、鲁中南湖河井灌结合区、鲁中旱作区、胶东旱作区 5 个区域，不同区域小麦种植情况及发展潜力归纳如下。

1. 鲁西黄灌区　包括沿黄河各县（市），面积约 173.3 万 hm^2。该区以黄河水灌溉为主，井灌为辅，水资源较为丰富，但区内土壤肥力不均，存在一定面积的盐碱地和荒地，目前平均产量为5 250.0～7 500.0kg/ hm^2。该区在扩大种植面积和提高单产方面均有较大的潜力，应继续加强土壤改良和地力培肥，配套完善田间灌溉工程，至 2020 年平均单产提高 13%，可增产 14 亿 kg。

2. 鲁北井灌区　包括淄博、潍坊所属的部分县市，面积约 33.3 万公顷。该区以井灌为主，能够保障小麦关键生育期灌溉用水。但区内多为山间平原，易受冻害、干旱等的影响，产量年际间波动较大，平均产量为 6 000.0～

6 750.0kg/hm^2，部分县（市）可实现小面积产量 9 750.0～11 250.0kg/hm^2 的高产，具有一定的增产潜力。该区应大力提倡秸秆还田，提高土壤有机质含量，推广节水高产栽培技术，至 2020 年平均单产提高 10%左右，可增产 2 亿 kg。

3. 鲁中南井湖河灌结合区 包括济宁、泰安、枣庄、临沂所属的部分县（市），面积约 66.7 万 hm^2。该区井灌面积约占 80%，部分麦田用湖水和河水灌溉，目前平均产量为 6 750.0kg/hm^2 左右，部分麦田土壤肥力较好，滕州、兖州等县已创出小面积产量 10 500.0～11 835.0kg/hm^2 的高产水平。该区应继续做好地力培肥，推广深松镇压规范化播种和水肥高效利用技术，至 2020 年平均单产提高 7%～12%，可增产 4 亿 kg。

4. 鲁中旱作区 包括淄博、莱芜、泰安、潍坊、临沂、枣庄位于山地丘陵区的麦田，面积约 36.0 万 hm^2。该区山丘面积大，水资源缺乏，土壤肥力偏低，以旱作小麦为主，目前平均产量 3 450.0～5 700.0kg/hm^2。未来发展，一是应用抗旱小麦品种和旱地小麦丰产栽培技术，充分利用自然降水，提高水分利用效率；二是加强山间水库、塘坝等工程建设，增加蓄水，挖掘水源，保证浇上关键水，提高抗旱能力。至 2020 年平均单产提高 5%左右，可增产 0.8 亿 kg。

5. 胶东旱作区 包括烟台、青岛、威海，面积约 50.7 万 hm^2。该区山丘、平原、洼地交错分布，灌溉面积小，目前平均产量为 4 500.0～6 000.0kg/hm^2。该区存在的主要问题是土层薄、质地差，水资源不足，应加强秸秆还田、推广深松镇压等保护性耕作技术，培肥地力，选用抗旱品种，推广抗旱栽培技术；地下水资源较好的地区，应合理开采地下水，推广节水灌溉技术，提高水分利用效率。至 2020 年平均单产提高 5%～8%，可增产 1.7 亿 kg。

三、优势突出，育种成果显著

山东省属于北方强筋、中筋冬麦区，气候资源和土壤资源适于优质强筋和中筋小麦生产。据对我国 10 个小麦主产省（自治区）商品小麦的综合分析，山东省商品小麦的综合品质高于全国平均值。随着粮食产业化经营的深入推进，龙头企业不断发展壮大，涌现出一批经济实力较强的大型面粉加工企业或集团，成为引领行业发展的主导力量。至 2018 年，山东省小麦加工能力达到 3 560 多万 t，小麦粉有中国名牌 9 个、山东名牌 50 多个、驰名商标 2 个、著名商标 60 多个，小麦粉产品在国内市场的竞争力和影响力均较高。

山东省小麦育种工作突出，2009 年山东省农业科学院作物研究所育成的小麦品种“济麦 22”在 22 个点产量超过 10 500kg/hm^2，滕州点 3.46 亩高产攻关田经农业部专家组实打鉴定，亩产 789.9kg，创我国冬小麦高产纪录。2014 年，山东省烟台市农业科学院育成的小麦品种“烟农 999”，在招远经农业部专家组实打鉴定，亩产 817.0kg，刷新了全国冬小麦单产最高纪录。

山东小麦之所以产量高，除品种产量潜力高、适应性广外，还有先进栽培技术的支持，“小麦精播半精播高产栽培技术”“小麦氮肥后移高产栽培技术”“小麦宽幅精播高产栽培技术”等均已成为农业农村部主推技术。

第二节　存在问题和技术需求

虽然山东省小麦产业在全国优势明显，但要进一步提高竞争力水平，仍存在诸多问题。

一是进一步提高小麦单产、实现大面积均衡增产难度增大。近几年小麦高产创建工作扎实深入开展，带动了全省小麦生产水平的普遍提高。2012 年山东省冬小麦平均产量率先突破 6 000kg/hm^2，2015 年山东省小麦平均单产达到 411.7kg。但不同区域间小麦生产技术水平发展不平衡，大面积均衡增产难度仍很大。主要限制因素包括品种、栽培、土壤肥力、水利等多个方面，病、虫等生物因素，气象气候因素也很大程度影响小麦的产量、质量及稳产性。因此，需要加速培育超高产、广适型小麦新品种，加速研究各地适用的简化高产高效栽培技术，以实现小麦生产高产、优质、节本增效，并提高防御自然灾害的能力，促进山东省小麦生产效率提高，再上新台阶。

二是小麦生产肥水利用率低，投入成本高，收益低。黄淮冬麦区旱地小麦面积较大，仅山东省就有 66.67 万 hm^{2}左右，山东省旱地农田的水氮耦合效应也具有明显的区域差异性。近年来，山东省及我国黄淮冬麦区连续遭受干旱危害，如 2010 年山东省遭遇冬春持续干旱、低温，造成部分地区减产降质，重者绝产。另外，在生产上普遍存在为追求高产肥水投入过大的现象，既增加了小麦生产成本、浪费了肥水资源，又造成肥水利用效率低，土壤养分失衡、土壤结构劣化、环境污染，导致土壤生产力下降，对小麦生产的高效、安全和可持续发展构成严重的威胁。因此，需培育肥水高效小麦品种，研究科学的肥水运筹及耦合技术。

三是山东省小麦有害生物发生种类不断增加，次要有害生物上升为主要有害生物，偶发性病害上升为常发性病害。随着种植制度、气候条件的变化，以及秸秆还田的推广，以前主要在长江以南发生的小麦赤霉病迅速向北推进，在山东省日益成为主要病害。土传病害日益严重，纹枯病、根腐病等根茎部病害与白粉病、条锈病和叶锈病等叶部病害一起成为常发性病害，以前的次要害虫小麦金针虫危害日益严重，成为小麦生育前期主要害虫。因此，根据山东省小麦有害生物发生的新趋势，研究其发生特点和规律，建立监测防控技术平台尤为重要。

四是优质专用小麦生产规模小、产量低、供不应求。2006 年山东省优质小麦种植面积曾超过了全省小麦面积的 45%，近几年种植面积持续下滑，至 2013 年强筋小麦面积仅占全省小麦面积的 5.4%，当前的情况仍无改善。面积下滑的主要原因包括：优质强筋小麦品种少、产量低，强筋小麦种植缺乏科学的区域化布局，商品质量不稳。需要进一步提高优质专用小麦品种的产量水平、适应性和品质稳定性，推进优质专用小麦的规模化、标准化订单生产。

第三节　建议和对策

一、总体目标

“十三五”期间，以《国家粮食安全中长期规划纲要（2008—2020 年）》《全国新增1 000亿斤粮食生产能力规划（2009—2020 年）》《山东省千亿斤粮食生产能力建设规划（2009—2020 年）》为指导，按照中央“创新、协调、绿色、开放、共享”的发展理念和山东省委“一个定位、三个提升”的部署要求，结合国家和山东省“十三五”发展规划和供给侧改革，以产业发展的技术需求为导向，紧紧围绕影响山东小麦产业发展的瓶颈问题，加强山东省小麦产业技术体系创新团队与国家小麦产业技术体系团队的对接、岗位专家与试验站的对接、团队成员与核心指导县（市、区）的对接，创新多学科、多专业的联合攻关机制，构建科技创新和技术服务平台，研发突破性小麦新品种、新技术和新产品，服务小麦生产。

二、促进山东省小麦产业健康发展的建议和对策

（一）小麦新品种培育与育种技术平台建设

1. 新品种培育

（1）超高产新品种选育：选育和推广适宜于高产田种植的小麦品种，不但对提升山东省小麦单产和总产具有重要作用，而且可以引领小麦育种的方向。超高产育种的主攻方向是：在更高水平上协调产量三因素的关系，进一步提高

光能利用率；增强小麦的抗倒性和对多种病害的抗性，在适当提高株高的前提下，着力提高茎秆的质量；合理的株型和叶相是超高产品种的重要形态特征，有利于增加叶片叶绿素含量，提高光合生产率，增加光合产物，进而提高小麦生物产量和籽粒产量，这是选育超高产小麦新品种重要的突破口。同时，积极参与山东省自主创新重大关键技术项目“小麦增产科技支撑计划”，为完成项目提出的亩产 820kg 目标积极提供候选品种。

（2）水肥高效利用新品种选育：山东省中低产田约占总面积的 70%，产量提升相对容易而且提升空间较大，选育和推广适宜于中低产田种植的小麦品种是提升山东省小麦单产和总产的关键。小麦中低产田的基本状况是水肥条件较差，迫切需要水肥高效利用品种。水肥高效利用育种主攻方向是：在兼顾节水性的基础上，重点改良产量潜力和抗倒性，适于中产田种植；提高氮磷钾肥利用效率，在土壤肥力较差的条件下获得较高的产量，建立并逐渐完善水肥丰缺耐受性的基础研究和评价体系，优化水肥高效利用评价指标。

（3）优质专用型新品种选育：优质专用小麦育种的主攻方向是：兼顾高产、优质、早熟等农艺性状间的关系，在不显著降低产量水平的同时，兼顾品质的提升，特别要注意小麦品种品质性状间的协调性，如蛋白质含量、湿面筋含量、沉降值和稳定时间的协调性；重视小麦品种加工馒头、面条、水饺等我国传统食品的适用性，选育食品专用型优质小麦品种；选育高出粉率、高白度（不使用增白剂等食品添加剂）的小麦品种；关注消费者的特殊要求，如紫粒和蓝粒小麦品种的选育。

2. 种质材料创制及分子标记辅助育种技术体系创建

（1）种质材料创制：经系谱分析和 DNA 鉴定，当前山东省生产上大面积推广小麦品种的同质化程度较高，遗传基础狭窄。这不仅给小麦生产带来潜在风险，从长远看，也妨碍育种的突破性进展，育种后劲不足。我国小麦种质资源非常丰富，并创造了大量新种质，但总体上讲，在育种中真正好用并发挥重要作用的种质很少。其重要原因之一是创新种质的综合农艺性状较差，难以作为亲本直接利用，而育种家喜欢利用综合性状好的育成品种和高代品系做亲本。因此，未来项目规划期间，创造目标性状突出并且综合性状好的育种亲本材料是迫切需要解决的重要问题，也是育种家在育种环节中需要加强与重视的一项工作。因此，要开展育种亲本材料的创制和持续改良，重点创造目标性状优异、综合性状好，在育种上“能用”“好用”的材料，增加异质性，拉近种质资源研究和育种利用之间的距离。特别是综合利用细胞工程、分子染色体工程技术等，将小麦近缘物种的优异基因导入小麦，创制渐渗较短外源染色质片段并携带目标基因的渐渗系或者易位系，为小麦育种提供新的优异基因，丰富小麦品种的遗传基础。

（2）分子标记分析和标记辅助育种：获得重要基因的分子标记和克隆出重要基因是小麦分子育种的基础。随着小麦及其近缘植物基因组测序的陆续完成，科学家已经开发了高通量、低成本分子标记技术，如单核苷酸多态性（SNP）技术、多样性微阵列技术（DArT）、基因芯片技术（DNA Chip）等，实现了分子标记的大规模、自动化检测，为小麦育种提供了良好的分子基础。但是，尽管获得了大量基因/QTL的分子标记，却难以在育种中有效利用。这些基因/QTL或标记必须和具体材料（携带这些基因/QTL或标记的种质材料）结合起来才能在育种中利用，并且目前用于基因/QTL分析的种质也往往因为农艺性状差而不被育种家选作亲本。研究的主攻方向一是在对大量种质资源进行初步观察鉴定的基础上，筛选目标性状优异的核心种质进行多年多点的精准鉴定评价。将材料和目标性状相结合，对重要亲本材料的重要目标性状如高产、优质、抗病、水肥利用效率等，进行高通量的DArT、SNP、DNA芯片等分子标记分析和关联分析，解析这些性状的遗传基础，开发功能性遗传标记，理论研究和育种实践相结合。二是完善高效的常规技术和现代生物技术相结合的育种技术体系，核心是由传统的“表型”评价选择转向“表型＋基因/QTL”评价选择。在深入鉴定种质资源的基因/QTL基础上，结合性状表现，选择含有目标性状基因/QTL的种质作为重点亲本，设计杂交组合，采用聚合杂交、有限回交等方式组配亲本，借助分子标记辅助选择将多育种目标性状融合在一起，选育出突破性小麦新品种。

3. 小麦新品系鉴定技术平台建设 充分发挥体系内相关专业岗位专家、综合试验站的人才和地理条件优势，根据小麦育种需要，建立小麦冬春性、抗寒性、抗旱耐盐性及抗病性鉴定系统，积极探索并实施小麦育种材料生物技术加代、水旱轮选、异地鉴定系统，提高育种效率，为山东省实现小麦育种新突破提供强有力的技术和平台支撑。

（二）农机农艺结合绿色高效栽培技术研究

针对山东省小麦生产中秸秆还田与整地播种质量差、播种量大、水肥利用效率低、农机农艺一体化程度不够高等关键生产问题，从土壤、栽培、播种、农机等多个方面进行联合攻关，采用对比试验、代表性田间试验、关键技术与综合技术结合、技术攻关和示范推广相结合、试验研究与生产经验总结相结合的技术路线，研究创建秸秆还田质量保障技术、宽幅播种与单粒匀播高产节本技术、小麦抗逆稳产高产与肥水高效利用技术、农机农艺配套一体化技术等技术体系，综合集成小麦高产高效综合配套技术体系，促进山东省小麦生产大面积持续均衡增产增效。主攻方向是：从秸秆还田质量保障技术、肥水运筹及耦合技术、农机农艺配套一体化技术3个方面突破当前山东省小麦生产的技术瓶颈。

1. 宽幅精播栽培增产机理及配套技术研究 小麦种植变条播为宽幅单粒匀播，改变了传统小麦条播出现的疙瘩苗断垄、对水肥吸收不均、幼苗参差不齐、光照不匀、造成粒瘪穗小减产的现象，落地种子粒距纵横相等连成片，均播的种子对水肥空间均衡吸收利用，个体植株健壮与群体协调同步发展提高亩产量，节种、节水、节肥绿色环保增产。研究宽幅单粒精播条件下小麦群体、个体的生长规律、增产幅度的生理生化机理，不同地区不同地力条件下农机农艺结合配套技术研究。在研究的基础上，进行试验、示范推广。

2. 小麦肥水耦合高效利用技术及其理论研究 研究山东省不同生态区小麦高产麦田水分需求规律，根据不同生态区水资源时空分布特征，研究土壤蓄水、生物节水、农艺节水和化控节水等技术，构建小麦水资源高效利用的灌溉制度和节水灌溉技术；研究不同生态区域小麦养分的吸收、分配与利用特性，构建小麦肥料高效利用的施肥制度和节本增效施肥技术；研究小麦水肥互作机理，提出水肥耦合节本增效的肥水管理模式；研究小麦测墒补灌水肥一体化栽培技术并进一步示范推广。

3. 小麦绿色增产模式创建与示范 按照新形势下国家粮食安全战略要求，围绕制约山东省小麦生产的资源、环境等因素，以转变发展方式为主线，以科技创新为驱动，以增加小麦有效供给为目标，突出良种良法配套优先、农机农艺融合优先、安全投入品优先、物理技术优先和信息技术优先“五个优先”，集成示范推广一批高产高效、资源节约、环境友好的小麦绿色增产技术模式，促进小麦生产与生态环境协调发展，走小麦绿色可持续发展之路。努力实现“一控两减三提高”的目标。“一控”主要是控制灌溉用水总量。“两减”主要是减少化肥和农药使用量，实现“零增长”。“三提高”主要是提高土地产出率，小麦单产提高5个百分点；提高劳动生产率，小麦耕种管收等综合机械化率提高到95%以上；提高投入品利用率，化肥利用率和农药防治效果提高5个百分点，实现节水10%以上。

4. 农机农艺一体化机械装备与应用研究 按照秸秆收集、离地粉碎工艺路线，改进秸秆还田机的结构，提高秸秆粉碎质量，改善小麦播种质量；研究开发适合小麦精密播种要求的播种机，促进小麦精播高产栽培技术的推广应用；研制高效实用的麦田管理机械（包括小型中耕除草机械、小型麦田追肥机械、小型施药机械、麦田镇压划锄机械和中小型收获机械），解决当前田间管理机械装备落后的问题；进行小麦田间试验机械装备（播种、田间管理、收获、测试等）技术的研发，提高我国田间试验装备机械化水平。

（三）病虫害绿色防控体系建设

种植抗性品种是小麦病虫害治理中最经济、有效的措施。但当前生产上赤霉病、纹枯病等在山东省已上升为主要病害，加之病菌充足，一旦气候条件适宜，病害大流行就不可避免。因此，对生产品种、高代品系和种质资源进行抗病性鉴定，筛选出抗病品种，可以从源头上控制小麦病害的发生。

1. 小麦品种（系）抗病性筛选鉴定　针对小麦条锈病、叶锈病、白粉病、赤霉病、纹枯病 5 大重要病害，对育种专家培育的小麦新品系及核心亲本材料进行抗病性鉴定。针对小麦黄花叶病开展生产品种抗感性示范。

2. 重要病害病原鉴定与快速检测技术体系的建立　主要包括：山东小麦叶枯病的病原鉴定及其分子系统学分析；山东小麦赤霉病菌的种群类型及毒素化学型分析；小麦纹枯病、根腐病等根茎部病害的快速检测技术的建立；利用 GFP-原生质体转化技术及转基因技术研究小麦根腐病主要病原根腐平脐蠕孢（*Bipolaris sorokiniana*）、层出镰孢菌（*Fusarium proliferatum*），以及小麦赤霉病主要病原菌禾谷镰刀菌（*Fusarium graminearum*）对小麦的侵染过程及侵染机制。通过以上研究，建立山东省小麦重要病害病原鉴定与快速检测技术体系。

3. 重要病虫草害绿色防控技术创建

（1）小麦重要病害的生物防治：针对小麦纹枯病、根腐病、赤霉病等重要病害，筛选高效拮抗菌株及抑菌植物，研究其拮抗机制及生防效果，分离鉴定其抑菌活性成分，对抑菌成分进行结构改造和仿生合成，为小麦重要病害生物防治提供理论和技术。

（2）小麦根腐类等病害的生态治理：针对镰刀菌、腐霉菌和丝核菌引起的小麦根腐类病害，禾谷镰刀菌引起的赤霉病等开展种植制度和耕作方式等农业及生态治理技术研究。

（3）小麦蚜虫天敌的研究及应用：研究蚜虫天敌-中华通草蛉的发生消长及越冬小环境对成虫存活的影响，以及以麦二叉蚜和麦长管蚜为寄主的烟蚜茧蜂生理生化特性的比较研究，为充分发挥天敌对蚜虫的自然控制提供技术支撑。

（4）小麦禾本科杂草的化学防治研究：针对目前野燕麦、雀麦、节节麦等禾本科杂草危害加重，化学药剂防治效果偏差等现状，筛选防效好的除草剂，研究其作用机理及配套防治技术。

（四）产业经济研究

通过调研、资料收集完成山东省小麦的生产、加工与销售数据库建设，对山东省小麦生产和加工的产业经济进行数量化的描述；研究小麦的生产及加工效益，分析市场竞争力；研究小麦产业创新团队对产业发展的科技贡献；分析小麦产业发展的现状、存在的问题及制约因素，并提交年度产业经济分析报告及展望。

1. 主要产区小麦生产与加工现状调查研究　调查收集全省、不同地区、不同年份的小麦单产、总产量，加工量及其占总产量的比重，建成山东省小麦生产、加工与销售、进出口和库存等情况数据库。

2. 小麦生产与加工效益研究　通过调研，收集小麦的物质成本和人工成本投入，分析研究小麦的生产效益；调研收集小麦的加工成本、加工产品的市场价格，分析研究小麦的加工效益。

3. 小麦产业发展现状、趋势分析　研究小麦产业生产、加工、销售各个环节发展的现状、存在的问题及制约因素，并提出有针对性的解决方案。在此基础上系统分析小麦产业发展链条的情况，结合不同地区的生产条件和社会经济发展状况提出小麦产业中长期发展规划性建议。

（五）科技扶贫和“创新团队＋”新型科技服务模式创建

1. 建立“创新团队＋基层农技推广＋新型经营主体”的新型科技服务模式　山东省小麦生产区经济发展还不平衡，各地的生产投入、科学技术运用和推广工作存在较大差异，自然环境中土壤、气候、生物诸多方面也存在较大差异。因此，技术指导和科技服务应因地制宜，有的放矢。重点遴选具有典型代表意义的岱岳区、曹县、汶上县、高唐县、商河县、临淄区等县（市、区），以种养殖大户、农民合作社、龙头企业等新型经营主体为服务对象，联合上述各县区种子公司，积极开展科技服务、农民培训等工作。充分发挥基层农技推广体系主渠道作用，加快创新团队研发成果的转化。

2. 建立区域性科技扶贫试验点，带动农民共同致富　以综合试验站为实训基地，强化对周边扶贫重点地区的科技服务工作。根据产业特色，小麦产业体系任务建设把沂南县、鄄城县作为对接服务扶贫示范县，在小麦优良品种选用、优良种子供应、栽培、农机、病虫害防治等新技术集成等方面，强化专家技术性指导和技术培训，促使科研成果尽快转化，以期在项目目标期内达到预期示范效果。

（六）示范推广与应急事件响应服务体系建设

通过新技术、新品种的示范推广与技术培训，加速成果转化；通过对突发灾害事件的快速有效的响应，最大限度降低灾害损失。

1. 示范推广与技术服务体系建设 对小麦产业技术体系最新研究成果，安排示范基地，开展技术培训，加速科研成果转化。充分发挥小麦创新团队的技术优势和地区分布优势，在小麦生产关键时期，配合地方主管部门开展技术培训和技术指导，为小麦高产稳产提供技术支撑。

2. 应急事件响应及防控技术 针对突发性自然灾害，分析总结以往经验和有效的技术措施，形成突发性自然灾害（如倒春寒、条锈病、干热风等）防控与应急补偿技术，制订病虫害突发流行防控技术方案。建立小麦苗情、土壤墒情、病虫情等信息的定期调研、分析与预测预警机制，密切跟踪气象变化，灾前及时提出灾害预警及应对措施。建立灾害信息快速反馈网络与高效应答机制。对突发应急事件及时交流信息，相关专家第一时间到达现场，开展应急性技术指导和培训。

“十三五”期间，集聚小麦育种、栽培、植保、农机等各相关科研力量，紧紧围绕影响山东小麦产业发展的瓶颈问题，创新多学科、多专业、多区域分布的联合攻关机制，不断增强创新能力，培育新品种、研发新技术、创制新产品，构建信息共享和技术服务平台，服务山东小麦生产，为提高山东省农业生产能力，促进农业节本增效、农民节支增收，保障国家粮食安全作出新的更大贡献。

主要参考文献

陈锡文，2016. 价补分离，市场定价[J]. 农经（3）：36-37.

韩一军，2016. 变革背景下中国小麦产业模式及政策探讨[J]. 农业展望，12（1）：32-35.

李福夺，2016. 山东省自然灾害时空分布规律与防灾减灾对策[J]. 湖北农业科学（3）：796-802，809.

李茂松，李章成，王道龙，等，2005. 50年来我国自然灾害变化对粮食产量的影响[J]. 自然灾害学报，14（2）：55-60.

卢昱嘉，李雪，姜楠，2017. 2017年世界小麦产业发展及趋势分析[J]. 中国市场（26）：63-65.

梅方权，张象枢，黄季焜，等，2006. 粮食与食物安全早期预警系统研究[M]. 北京：中国农业科学技术出版社.

裴俊红，李银平，2015. 河北省小麦生产成本收益分析[J]. 中国农业资源与区划，36（7）：41-45.

邵晓梅，2001. 山东省粮食生产的时序变化机制研究[J]. 经济地理，21（6）：727-730.

徐浪，贾静，2003. 化肥施用量对粮食产量的贡献率分析[J]. 优质粮油（1）：10-13.

许世卫，李志强，李哲敏，等，2009. 农产品质量安全及预警类别分析[J]. 中国科技论坛（1）：102-106.

杨阳，张晓艳，2017. 山东省小麦生产成本收益分析[J]. 农业展望（3）：29-32，37.

张瑞娟，高芸，2016. 国内外小麦价格联动关系研究[J]. 价格理论与实践（7）：112-115.

张晓艳，孙家波，牛鲁燕，等，2016. 2015/16年度山东小麦市场分析与未来展望[J]. 农业展望，7：4-7.

张晓艳，王丽丽，王志诚，等，2010. 山东省农业生产风险因素分析与粮食产量预测[J]. 农业展望，6（10）：34-37.

张宗毅，沈贵银，2018. 2017年江苏省小麦市场形势分析与展望[J]. 农业展望（1）：8-11.

赵霞，2014. “麦强粉弱”现象的深层次原因探析——麦粉市场价格波动的动态关联性研究[J].价格理论与实践（8）：73-75.

钟永玲，2016. 经济新常态下中国小麦市场运行趋势及调控思路[J]. 农业展望（1）：4-8.

图书在版编目（CIP）数据

山东省小麦信息分析与预警报告：2015～2018/张晓艳，刘淑云，刘锋著．—北京：中国农业出版社，2019.12

ISBN 978-7-109-26241-6

Ⅰ.①山…　Ⅱ.①张…　②刘…　③刘…　Ⅲ.①小麦－产业发展－研究报告－山东－2015－2018　Ⅳ.①F326.11

中国版本图书馆 CIP 数据核字（2019）第 275072 号

中国农业出版社出版

地址：北京市朝阳区麦子店街 18 号楼

邮编：100125

责任编辑：廖　宁

版式设计：杨　婧　　责任校对：赵　硕

印刷：北京中兴印刷有限公司

版次：2019 年 12 月第 1 版

印次：2019 年 12 月北京第 1 次印刷

发行：新华书店北京发行所

开本：700mm×1000mm　1/16

印张：8.75

字数：180 千字

定价：48.00 元

版权所有・侵权必究

凡购买本社图书，如有印装质量问题，我社负责调换。

服务电话：010-59195115　010-59194918